쓰 기 편

한(韓)·중(中)·영(英)·일(日) 4개 국어로 번역 수록
한문공부와 불교공부 및 쓰기공부를 함께하는

佛敎千字文

序 文

　현재 울산(蔚山)에서 포교에 전념하고 있는 덕진상인(德眞上人)이 찾아와서 원고를 내보이기에 주욱 훑어보니 우리가 신행생활(信行生活)을 하면서 자주 접하는 한자(漢字)와 숙어(熟語)·법수(法數) 중에서 꼭 알아두어야 할 단어만을 골라 엮어진 것이었다.

　기실 한문은 중국글인 데다 뜻글이어서 우리가 이해하기에는 부담이 이만저만이 아니다.

　그래서 한문경전을 전문으로 이수(履修)하는 강원(講院)에서도 10년을 공부해야만 삼장(三藏)을 대강 보아 넘기게 되는데 전공학인(專工學人)이 이러할진대 세속의 신도들이야 오죽 하겠는가?

　덕진상인이 이러한 점에 유의하고 착안하여 일년여만에 이 책을 펴내게 되었다 하니 정말 장한 일이라 하겠다.

　이 책에 수록된 단어들이 천자(千字)나 되는 만큼 이 천자문만 익히고 암기하면 어지간한 경전은 손쉽게 섭렵할 수 있을 것으로 믿는다.

　그래서 기쁜 마음으로 사부대중(四部大衆) 여러분에게 수지(受持)하기를 권하면서 이 서문을 쓰는 바이다.

乙亥年 正初 吉日

대한불교조계종 종정 老天 月下 識

自　緒

　　우리는 불교 경전을 통해서 부처님의 교훈과 진리의 말씀을 접할 수 있습니다. 고래(古來)로부터 불교 문화권에 속해 있던 우리나라 문화는 불교와 한자가 큰 비중을 차지하고 있습니다. 불교 경전도 대부분 한자로 엮어져 있기 때문에 한글로 번역된 경이 있으나, 한문 경전을 읽음으로서 시간과 힘을 절약하여 깊은 의미까지 알 수 있습니다. 이에 동서 고금의 남녀노소 누구나 경전의 뜻을 쉽게 알고 한문공부도 같이 할 수 있도록 천자문을 만들었습니다. 그리고 불교 전문용어나 원어로 된 용어·술어 풀이까지 했습니다.

본 불교 천자문은 방대하고 미묘한 팔만대장경 중에서 우리 불자가 가장 많이 읽고 중요하게 여기는 경전 8종 가운데 나오는 한자를 뽑아서 엮었습니다. 천자쓰기 교본은 예불문(禮佛文), 반야심경(般若心經), 천수경(千手經), 금강경(金剛經) 부모은중경(父母恩重經), 아미타경(阿彌陀經), 관세음보살보문품(觀世音菩薩普門品), 보현행원품(普賢行願品) 등 여덟 가지 경전에 나오는 글자를 모두 다 쓰는 것과 같으므로 사경(寫經)공덕이 있습니다.

이 천자문으로 한문 공부와 경전공부를 하면서 경전을 서사(書寫)하는 사경도 함께하게 됩니다. 또 언제 어디서나 필요한 사전과 쓰기의 교재가 되어서 인격수행 지혜증득과 업장소멸에 도움되기를 발원합니다. 바쁘신 중에도 일일이 감수해 주신 백운 큰 스님과 펜글씨를 정성껏 써 주신 박한숙 선생님께 깊이 감사드립니다.

불기 2538년 동지(冬至)

편저자 덕진 씀

십년간 삼만 오천 권이 출판 보급되었습니다. 이번에 영어, 중국어, 일어로 다시 번역 편집하고 수정보완도 해서 새롭게 단장했습니다. 한문과 외국어도 함께 공부하고 외국인도 쉽게 공부하도록 했습니다. 번역 도와주신 서효영 선생님과 외국어를 감수해 주신 동국대학교 윤영해 교수님께도 감사드립니다.

불기 2550년(서기 2006년) 가을

편저자 덕진

推 薦 辭

　　전국에서 불법(佛法)을 신행(信行)하시는 불자님.

불교는 경전에 의거하여 부처님 말씀과 교훈을 접하여 알게 되며, 믿음의 근거가 되므로 법보(法寶)라 합니다.

하지만 이 방대한 팔만대장경을 다 익히기란 여간 힘든 일이 아닙니다.

그런데 이번에 울산지역에서 각 신행단체나 군인 청소년 등 여러 계층의 포교에 열중하시는 덕진 스님께서 천자문을 엮었다 하시어 살펴보니 한자사전과 용어해설 및 쓰기교본까지 갖추어진, 간결하면서도 불교의 중요부분을 잘 골라 엮었다고 생각됩니다.

우리의 전통 문화를 계승하고 불교 신행함에 좋은 교재로서 한자와 불교를 함께 익히면서 공부하게 되었으니 누구나 두고 보며 쓰고 익히면, 지식도 늘고 글씨공부도 하며, 사경의 공덕도 지을 수 있을 것입니다.

이런 양서가 나온 것이 참으로 다행스럽게 생각합니다.

여러분! 지혜와 복덕을 닦는 공부에 더욱 정진하시어 우리 민족의 번영과 불교 발전에 공헌하시기를 기원드립니다.

佛紀 2539년 1월 18일

BBS 불교방송 사장

일 러 두 기

본서를 잘 익히기 위해 유의할 점

- 본 천자문은 불교 경전 중 여덟가지 경에 처음 나온 한자(漢字)를 뽑아서 모두
  자전편(소책자)에 수록했습니다.
- 한문 글자의 음을 중국 발음, 일본 발음을 적고, 영어는 뜻과 음을 모두 수록하였습니다.
- 그 경에서 처음 나온 글자라도 그 경부에 없는 글자는 목차 상에서 그 경 앞에 이미
  나왔으므로 앞에서 찾아야 합니다. 본문 전체에 중복된 글자를 피하기 위해서입니다.
  예) 천수경에서 심(心)자가 처음 나왔어도 예불문이 먼저이므로 심(心)자는
       예불문부에만 있습니다.
- 쓰기 편에는 글자가 실제로 경전에 있는 위치와 다른 곳에 있는 것이 상당히 있는데,
  이것은 용어나 말(단어)이 되도록 엮기 위함입니다.
- 쓰기 교본 하단에는 글자가 이루는 단어의 뜻을 쓰고, 그 옆에는 경전의 중요 부분을
  번역하여 놓았습니다.

※ 이 책에 나오는 여덟 가지 불교 경전

모든 불법승(佛法僧)에 귀의하고 예경하는	예불문(禮佛文)
모든 의식에서 독송하며 경전의 핵심으로 여기는	반야심경(般若心經)
불교 개론서이며 발원과 서원이 깃든	천수경(千手經)
공(空) 사상과 수행의 근간이 되는	금강경(金剛經)
부모님 은혜와 효도를 가르친	부모은중경(父母恩重經)
극락으로 인도하는	아미타경(阿彌陀經)
신앙과 수행의 종합 지침이 되어 깨달음에 이르게 하는 《묘법연화경》의 28품 가운데 한품인	관세음보살보문품 (觀世音菩薩普門品)
가장 심오하고 방대하며 수행과 교화의 전반을 담은 《화엄경》의	보현행원품 (普賢行願品)

에 나오는 모든 글자를 뽑아서 어려운 용어를 모두 찾아 해설 사전을 만들고
쓰기 교본과 4개 국어로 번역하였음.

사경공덕 및 쓰기지도

글씨를 정성껏 쓰는 그 자체가 마음을 안정하고, 바르게 씀으로써 마음씨와 자세가 바로 되는 것이다. 그리고 글자의 음과 뜻을 익히게 되어 큰 공부가 되며, 실력 향상의 지름길이다. 그리고 인격을 갖추는 수행이 된다.

여기 불교 천자문은 불교 팔만대장경 중에서 중요한 핵심으로서 가장 많이 수지 독송하는 경전에 있는 글자를 중복되지 않게 모두 모았다. 그러므로 본 천자문을 쓰면 8개 경전을 쓰는 것과 같은 공덕이 있을 것으로 믿는다.

◆ 사경의 의의

사경이란 경전을 옮겨 쓰거나 베껴 쓰는 일을 말한다.

불경은 부처님의 말씀이며, 교훈이며, 진리이므로 청정한 마음으로 사경하면 부처님 교훈과 뜻을 우리 마음에 채우고 자기 것으로 실행하는 기도이며 성스러운 수행이다.

◆ 사경의 유래

사경은 부처님의 가르침을 문자로 기록하면서부터 시작되어 역사 대대로 경전을 옮기고 써서 전하는 것으로 불교가 전래되었다.

신라시대 연기법사가 황룡사에서 어버이의 명복을 빌고 중생구제의 발원으로 대방광불화엄경(국보 196호, 호암미술관 소장)을 사경한 것이 있다. 또한 고려 팔만대장경과 화엄사 화엄석경 등이 유명하며, 그 외 불상·탑·장경각 속에 나오는 많은 경전이 모두 사경이다. 그리고 일반 수행에서도 붓이나 펜으로 쓰는 사경을 하였다고 전해진다.

◆ 사경의 공덕

"삼천대천세계에 가득하도록 칠보(七寶)를 보시한 공덕보다 이 경전 네 구절을 서사 수지하고 전하는 공이 더욱 수승하다." - 금강경 -

"만약 어떤 사람이 경전을 수지 해설하면 대원을 이루리라." - 법화경 -

이외 여러 경전에도 수지 서사의 공덕이 큼을 설하고 있다.

정중한 마음으로 사경하면 부처님의 보호 위신력으로 일체의 재앙이 소멸되고 고통을 여의고 복과 안락을 성취한다고 하였다.

조선시대 통도사 경운 스님은 순금으로 법화경을 쓰면서 선망 부모님의 왕생극락을 기도 발원하여 선망 부모님이 축생보를 벗어나서 천상락을 누리게 되었다는 기록이 전해진다.(통도사 성보박물관 소장자료 법화경)

◆ **불교천자문 사경의 현실적 이익**

① 산란심(잡념, 불안, 공포, 성냄, 불만)이 사라지고 마음이 안정된다.

② 심신(心身)이 맑아져 건강해진다.

③ 번뇌를 벗어나 명석해진다.

④ 불교 신심(信心)이 깊어지고 업장소멸되며 복이 증장된다.

⑤ 서예 및 한문 실력이 향상되고, 경전 내용을 이해하게 된다.

⑥ 불법(佛法)에 감사하고 즐거워진다.

⑦ 자녀교육 가정화목에 크게 도움이 된다.

⑧ 생활과 일과를 짜임새 있게 정돈할 수 있다.

⑨ 외래어 공부에도 도움이 되고 불교를 외국인에게 전하는데도

　도움이 된다.

《불교천자문》은 본서 쓰기편과 자전편 한자사전(용어풀이, 경의 대의 포함) 두 권으로 구성되었습니다.

gwi	ui	bul	beop	seung	geun	su	gye	jeong	hye
歸	依	佛	法	僧	勤	修	戒	定	慧
歸	依	佛	法	僧	勤	修	戒	定	慧
돌아갈 귀	의지할 의	부처 불	법 법	스님 승	부지런할 근	닦을 수	경계할 계	정할 정	슬기로울 혜
return	lean /depend	Buddha	Dharma	monk /bonze	diligent	practice /cultivate	commendment /precept	state of concentration	wisdom
guī	yī	fó	fǎ	sēng	qín	xiū	jiè	dìng	huì
キ	イ	ブツ	ホウ	ソウ	キン	ツユウ	カイ	テイ	ケイ

歸依佛法僧: 불법승 삼보에 귀의하다. 부처님과 부처님의 가르침과 스님들을 받들어 믿고 의지하고 따르다. 불법승은 불교의 근본으로 삼보라 한다.	삼귀의(三歸依)

歸依佛法僧: 불법승 삼보에 귀의하다. 부처님과 부처님의 가르침과 스님들을 받들어 믿고 의지하고 따르다. 불법승은 불교의 근본으로 삼보라 한다.

勤修戒定慧: 계율과 선정과 지혜를 부지런히 닦는다. 계정혜를 삼학(三學)이라 함. 계율을 잘 지켜서 선정이 생기고 선정을 통해서 지혜의 빛이 나기 때문에 삼학은 하나이면서 셋이고 셋이면서 하나이다.

삼귀의(三歸依)

南無常住十方佛: 거룩한 부처님께 귀의합니다.
南無常住十方法: 거룩한 가르침에 귀의합니다.
南無常住十方僧: 거룩한 스님들께 귀의합니다.

사홍서원(四弘誓願)

衆生無邊誓願度: 중생을 다 건지오리다.
煩惱無盡誓願斷: 번뇌를 다 끊으오리다.
法門無量誓願學: 법문을 다 배우오리다.
佛道無上誓願成: 불도를 다 이루오리다.

hae	tal	gwang	myeong	un	dae	ju	byeon	sib	bang
解	脱	光	明	雲	臺	周	遍	十	方
解	脱	光	明	雲	臺	周	遍	十	方
풀해	벗을탈	빛광	밝을명	구름운	돈대대	두루주	두루변	열십	모방
solve	free oneself from	light	bright	cloud	heights/high ground	circumference/all around	all over	ten	direction
jiě	tuō	guāng	míng	yún	tái	zhōu	biàn	shí	fāng
カイ	ダツ	ユウ	メイ	ウソ	ダイ	ツユウ	ヘソ	ジュウ	ホウ

解脱: 고뇌의 속박에서 벗어나는 것.

光明雲臺: 광명으로 가득한 집.

周遍(변): 두루두루 한없이 넓음.

十方: '시방' 이라 읽는다. 동·서·남·북·
　　　동북·동남·서북·서남·상·하의
　　　열 방향 즉, 우주공간.

佛陀: 붓다, 부처님의 범어

陀: 붓다 타, 비탈질 타

오계(五戒)

不殺生: 산 목숨을 죽이지 말고 사랑하고 방생하라.

不偸盜: 주지 않는 물건을 탐내지 말고 자비심으로
　　　　보시하라.

不妄語: 거짓말 하지 말고 정직하게 신용을 지켜라.

不邪淫: 삿된 음행을 금하고 심신을 맑게 하라.

不飮酒: 술을 권하거나 취하지 말고 바르게 살라.

ji	sim	rye	bae	sa	saeng	bu	mo	heon	hyang
至	心	禮	拜	四	生	父	母	獻	香
지극할지	마음심	예례	절배	넉사	날생	아비부	어미모	드릴헌	향기향
utmost	heart/mind	courtesy	bow	four	bear	father	mother	devote/dedicate	fragrance/incense
zhì	xīn	lǐ	bài	sì	shēng	fù	mǔ	xiàn	xiāng
ツ	ツソ	レイ	ハイ	ツ	セイ	フ	モ	ケン	コウ

至心禮拜: 진실하고 지극한 마음으로 절을 올리다.

四生父母: 모든 생명의 어버이 즉, 태생(胎生)·난생(卵生)·습생(濕生)·화생(化生)의 네 종류로 태어난 생명의 부모.

원광법사 세속오계(圓光法師 世俗五戒)

事君以忠: 충성으로써 임금을 섬기고

事親以孝: 효도로써 부모님을 섬기고

交友以信: 믿음으로써 벗을 사귄다.

臨戰無退: 전쟁에서 물러나지 않는다.

殺生有擇: 살생을 함부로 하지 말 것.

※ 살생유택 : 때를 가리어 육재일과 춘하월(春夏月)에 살생하지 말 것. 말, 소, 개 등 부리는 짐승을 함부로 죽이지 말고 그 외 미물일지라도 오직 절대 필요에 의해서만 죽일 것.

gong	yang	sam	gye	in	do	bon	sa	cheon	baek
供	養	三	界	引	導	本	師	千	百
이바지할 공	기를 양	석 삼	지경 계	끌 인 /당길 인	이끌 도	근본 본	스승 사	일천 천	일백 백
contribute	raise	three	boundary	lead /pull	lead /guide	origin	teacher /master	thousand	hundred
gōng	yǎng	sān	jiè	yǐn	dǎo	běn	shī	qiān	bǎi
キョウ	ヨウ	サン	カイ	イン	ドウ	ホン	シ	セン	ヒャク

獻香供養: 향 올리는 공양. 공경하는 마음으로 올리는 정성과 물품을 공양이라 함.

三界引導: 부처님께서 삼계 중생을 고통에서 벗어나 해탈과 지혜를 얻도록 인도함.

※ 삼계는 욕계(欲界)·색계(色界)·무색계(無色界)로서 정신적 육체적 영혼 등의 모든 세계를 이름.

本師: 근본 스승 즉, 석가모니 부처님을 지칭 함.

불타(佛陀, Buddha): '깨달은 사람(覺者)' 이란 뜻이니, 스스로 모든 법의 진리를 깨닫고, 또 다른 중생을 교도하여 깨닫게 하는 자각과 각타(覺他)의 두 가지 실천행을 원만히 성취한 분. 역사적 인물인 석가모니에 대한 칭호로 사용되었으나 불교의 교리가 발달함에 따라 과거·현재·미래에 모든 부처님이 있다고 하여 일반적으로 깨달은 사람 모두를 칭하게 되었다.

붓다(인도) → 불타(중국) → 부처·부처님(우리나라)

eok	hwa	seok	ga	mo	ni	je	mang	chal	hae
億	化	釋	迦	牟	尼	帝	網	刹	海
억 억	될 화	풀 석	부처이름 가 /막을 가	소우는소리모 /어두울무	중 니 /그칠 니	임금 제	그물 망	절 찰	바다 해
hundred million	change	solve /release	Buddha /block	bellow /dark	Buddhist nun	emperor	net	temple /moment	sea
yì	huà	shì	jiā	móu	ní	dì	wǎng	chà	hǎi
オク	カ	シャク	カ	ボウ	ニ	テイ	モウ	セツ	カイ

千百億化身釋迦牟尼佛: 중생을 제도하기 위하여 천백억 가지 모습으로 몸을 나타내시는 위대한 신통력을 갖추신 석가모니 부처님.

帝網刹海: 제석천궁을 장엄한 구슬로 된 그물의 수효는 헤아릴 수 없을 만큼 엄청나다. 그 무수한 그물처럼 많은 세계를 찰해(刹海)라 한다.

석가모니(釋迦牟尼, Śākyamuni): '석가족의 성스러운 분' 이라는 뜻. 2500여 년 전 인도에서 태어난 역사상의 인물로서 불교를 개창한 부처님.

고타마 싯다르타(瞿曇悉達多, Gautama Siddhārtha): 석가모니가 출가하기 이전의 본래 이름. 고타마는 석가족의 성(姓)인데 '최승(最勝)' 의 뜻이며, 싯다르타는 '모든 것이 다 이루어진다(一切義成)' 는 뜻으로, 카필라국 정반왕의 태자로서 탄생될 때 붙여진 이름.

sang	ju	il	jeol/che	se	jon	dal	ma	ya	jung
常	住	一	切	世	尊	達	磨	耶	衆
항상 상	머물 주	한 일	끊을 절/모두 체	대 세	높을 존	통할 달	갈 마	그런가 야	무리 중
always	live/stay/exist	one	cut off/all	world/period	high/noble/respect	mastery/verse/reach	grind	particle	crowd/group
cháng	zhù	yī	qiē	shì	zūn	dá	mó	yē	zhòng
ジョウ	ジュウ	イケ	セツ	セイ	ソン	タツ	マ	ヤ	シュウ

常住一切: 항상 머물러 존재하는 모든 것.

世尊: 세상에서 가장 높으신 분. 부처님의 다른 호칭.

達磨耶衆: 모든 법. 불교의 교훈과 진리를 범어로 달마라고 함.

십념(十念)

①청정법신비로자나불　②원만보신노사나불
③천백억화신석가모니불　④구품도사아미타불
⑤당래하생미륵존불　⑥대성문수사리보살
⑦대행보현보살　⑧대비관세음보살
⑨대원본존지장보살　⑩제존보살마하살
마하반야바라밀

※ 불교 의지처의 핵심 명호로서 예불 공양, 의식, 평상시에 자주 외운다.

mun	su	sa	ri	bo	sal	bo	hyeon	ja	bi
文	殊	舍	利	菩	薩	普	賢	慈	悲
글월문	다를수	집사	이로울리	보살보	보살살	넓을보	어질현	사랑자	슬플비
letter/sentence	unusual	house	benefit	Buddhist saint	Buddhist saint	wide	gentle	mercy	sad
wen	shu	su	li	po	sa	pu	xian	ci	bei
ブン	シュ	シャ	リ	ボ	サツ	フ	ケン	ジ	ケン

文殊舍利菩薩: 큰 지혜로 중생을 교화하는 문수사리보살.

普賢: 부처님의 지혜와 교훈을 실행하게 하는 보살. 大行보현보살이라 칭함.

慈悲觀音: 중생을 큰 자비로 섭수하고 구제하는 보살. 아미타불의 좌보처 보살. 자비는 사랑과 기쁨을 주고 슬픔과 고통을 덜어주는 것.

염불삼매(念佛三昧): ①일심으로 부처님의 상호 장엄을 관하고 그 관이 성숙하여 법계에 두루한 법신의 실상을 관하여 이르는 삼매. ②정토문에서 아미타불 한 분만 염하고 생각이 다른데 흩어지지 않고, 일심으로 이름을 부르는 것.

문수보살(文殊菩薩, Mañjuśri): 문수와 만수에는 묘(妙)의 뜻이 있고 사리와 실리에는 두덕(頭德)·길상(吉祥)의 뜻이 있음. 보현보살과 짝하여 석가모니불의 보처로서 왼쪽에 위치하여 지혜를 맡음.

gwan	eum	won	ryeok	ji	jang	ji	deok	ryang	jok
觀	音	願	力	地	藏	智	德	兩	足
觀	音	願	力	地	藏	智	德	兩	足
볼관	소리음	원할원	힘력	땅지	감출장	지혜지	덕덕	두량	족할족
observe	sound	desire/wish	strength	earth	hide/store	wisdom	virtue	two/both	foot/sufficient
guān	yīn	yuàn	lì	dì	cáng	zhì	dé	liǎng	zú
カン	オン	ガン	リョク	チ	ゾウ	チ	トク	リョウ	ソク

불교(佛敎): 석가모니께서 말씀하신 교법(經)과 그에 대한 온갖 교리 주석 및 해석서(論), 교단의 종지(宗旨)와 규칙(律) 등을 총칭해 일컬음. 석가세존의 교법은 교세가 점점 확장되었고, 입멸 후에도 여러나라로 전파됨.

불사(佛事): ①부처님의 능사(能事)인 교화를 가리킴. 선림(禪林)에서는 불법을 열어 보이는 것. 개안(開眼)·상당(上堂)·입실(入室)·안좌(安座)·염향(拈香)하는 것들이나 절을 짓고 불상을 조성하고 경전을 쓰는 것도 포함. ②불교에서 하는 재(齋)·법회등을 일반적으로 일컫는 말.

ma	ga(ha)	ryeong	san	dang	si	bu	chok	je	ja
摩	訶	靈	山	當	時	付	囑	弟	子
갈 마	꾸짖을 가(하)	신령 령	뫼 산	마땅할 당	때 시	줄 부	부탁할 촉	아우 제	아들 자
grind	scold	spirit	mountain	that	time	give	request	younger brother	son
mó	hē	líng	shān	dāng	shí	fù	zhǔ	dì	zi
マ	カ	レイ	サン	トウ	ジ	フ	ショク	テイ	シ

摩訶: 위대하다. 크다. 훌륭하다. 좋다.

靈山當時: 석가모니 부처님께서 생존해 계시던 시절. 영산은 인도의 영취산.

付囑: 그것을 잘 할 것이라고 믿고 부탁함. 그리고 할 수 있다고 수기함.

弟子: 제자. 스승의 제자 또는 부처님 제자.

부처님 십대제자(十大弟子)

①지혜(智慧) 제일 사리불(舍利佛) ②신통(神通) 제일 목건련(目犍連) ③두타(頭陀) 제일 대가섭(大迦葉) ④해공(解空) 제일 수보리(須菩提) ⑤설법(說法) 제일 부루나(富樓那) ⑥논의(論議) 제일 마하 가전연(迦旃延) ⑦천안(天眼) 제일 아나율(阿那律) ⑧지계(持戒) 제일 우바리(優波利) ⑨밀행(密行) 제일 라후라(羅睺羅) ⑩다문(多聞) 제일 아난타(阿難陀)

dok	seong	nae	je	han	seo	geon	dong	jin	ryeok
獨	聖	乃	諸	漢	西	乾	東	震	歷
獨	聖	乃	諸	漢	西	乾	東	震	歷
홀로 독	성스러울 성	이에 내	모두 제	한수 한 / 한나라 한	서녘 서	마를 건 / 하늘 건	동녘 동	벼락 진	지낼 력
alone	holy	hereupon	all	name of a nation	west	dry /heaven	east	thunder/ name of a nation	successive
dú	shèng	nǎi	zhū	hàn	xī	gān	dōng	zhèn	lì
トク	セイ	ダイ	ショ	カン	セイ	カン	トウ	シン	レキ

獨聖: 가르침을 받지 않고 홀로 깨달아
　　　성인 된 분.

乃諸: 이 모든.

西乾: 서천축국 즉, 인도.

東震: 동쪽 진나라. 옛 중국의 나라 이름.

• 나의 법(佛法)은 청묘(淸妙)하여 마치 깨끗한 물이 능히 일체의 때를 다 씻어버리고 또 큰 불이 크고 적고 좋고 나쁜 것을 모두 태워 버리는 것과 같다.　　　-현우경-

• 모든 강물이 바다에 이르면 강으로서의 이름이 없어진다. 모든 사람도 불법(佛法)이라는 바다에서는 평등하다.　　　-증일아함경-

dae	jeon	deung	geup	cheon	ha	jong	jo	mi	jin
代	傳	燈	及	天	下	宗	祖	微	塵
시대 대	전할 전	등잔 등	미칠 급	하늘 천	아래 하	마루 종 / 으뜸 종	조상 조	작을 미	티끌 진
generation	convey /transmit	lamp	reach	sky /God	below	floor /ancestral	grand father	delicate	dust
dài	chuán	dēng	jí	tiān	xià	zōng	zǔ	wéi	chén
ダイ	デン	トウ	キュウ	テン	カ	ソウ	ソ	ビ	チン

歷代傳燈: 역사 대대로 깨달음의 등불을 연연히 이어온.

天下宗祖: 천하에 으뜸되는 만인의 스승이 되는 옛 스님.

조사선(祖師禪): 의해(義解)·명상(名相)에 걸려 진선미(眞禪味)에 이르지 못함을 여래선이라 하는 것에 반해, 문자 해독에 걸리지 않고 이심전심하는 달마가 본래 전한 선법(禪法)을 말함.

간화선(看話禪): 화(話)는 화두·공안을 말하고, 간(看)은 본다는 뜻, 화두를 들고 좌선하는 것. 즉 풀리지 않는 의문을 붙들고 있는 수행법.

정념(正念): 팔정도 가운데 하나, 사념(邪念)을 버리고 정신을 집중하는 것.

su	myeong	hun	ga	pi	ja	ta	gong	seong	do
數	冥	熏	加	被	自	他	共	成	道
數	冥	熏	加	被	自	他	共	成	道
셀수/수수	어두울 명	쬐일 훈	더할 가	이불 피/입을 피	스스로 자	남 타/다를 타	함께 공	이룰 성	길 도
count/number	dark/obscure	fumigate	add	blanket/put on/owe	oneself	others	together	accomplish	truth
shù	míng	xūn	jiā	bèi	zì	tā	gòng	chéng	dào
スウ	ベイ	クン	リョク	ヒ	ジ	タ	キョウ	セイ	ドウ

업: 세계는 업에 따라 존재하고, 사람 또한 업에 따라 존재한다. 수레바퀴가 쐐기에 얽혀져 굴러가듯이 생존하는 모든 것은 업에 속박당하고 있다.
-숫타니파타-

• 모든 중생의 지은 바 업은 비록 백겁을 지날지라도 또한 없어지지 않나니, 인연이 일시에 화합하면 과보가 따라 응해서 스스로 마땅히 받는다.
-광명동자 인연경-

yu	bo	jeong	sang	dae	ung	jeon	ban	ya/yak	pa
唯	寶	頂	上	大	雄	殿	般	若	波
唯	寶	頂	上	大	雄	殿	般	若	波
오직 유 /다만 유	보배 보	정수리 정	윗 상	큰 대	인걸 웅 /수컷 웅	큰집 전	일반 반 /반야 반	반야 야 /같을 약	물결 파
only	treasure	top	above /upper	great	man /male	building /palace	general /prajna	prajna /like	wave
wéi	bǎo	dǐng	shàng	dà	xióng	diàn	bān	ruò	bō
ユイ	ホウ	テイ	ジョウ	タイ	ユウ	テン	ハン	ジャク	ハ

지혜: 여래는 지혜로써 무지한 중생을 제도한다. 만일 사람을 관찰하여 그 본말을 추구할진대 과거·현재·미래의 제불이 누구를 어머니로 삼았기 때문인가? 마땅히 알라. 지혜로써 무변한 중생을 제도하는 것이니 지혜가 곧 어머니이다.

-불승도리천위모설법경-

ra	mil	da	gyeong	jo	gyeon	o	on	gae	jae
羅	蜜	多	經	照	見	五	蘊	皆	在
그물 라	꿀 밀	많을 다	경전 경/날 경	비출 조	볼 견	다섯 오	쌓을 온	다 개	있을 재
net	honey	many/much	sutra	illuminate	see	five	pile up/heap	all	exist
luó	mì	duō	jīng	zhào	jiàn	wǔ	yùn	jiē	zài
ラ	ミツ	タ	ケイ	ショウ	ケン	ゴ	ウン	カイ	ザイ

般若波羅蜜多經: 마하반야바라밀다심경의 준말. 반야는 지혜. 바라밀다는 저 이상의 세계에 이르다. 경은 성인의 말씀. 즉 완전한 지혜에 이르게 하는 부처님 말씀.

照見五蘊: 오온을 비추어 보다. 오온은 색(色)·수(受)·상(想)·행(行)·식(識), 물질과 느낌과 생각과 실행과 앎. 즉, 물질·정신·진행·영식 등 모든 것.

皆在: 모두 다 있다.

무아(無我, Anātman): '나' 라고 할 수 있는 실체가 없다는 말. ①인무아(人無我): 오온(五蘊)의 합성에 불과한 몸이기에, 영묘(靈妙)로운 상일주재(常一主宰)의 주체가 없다고 생각함. ②법무아(法無我) : 제법이 인연의 화합에 의해 존재한다면 견실(堅實)·상주(常住)한 제법의 실체있는 것은 없다고 여김.

go	aek	saek	jeuk	gong	su	sang	haeng	sik/ji	yeok
苦	厄	色	卽	空	受	想	行	識	亦
쓸고/괴로울고	재앙 액	빛 색	곧 즉	빌공/구멍공	받을 수	생각할 상	행할 행/갈 행	알 식/쓸 지	또 역
bitter	calamity	matter/color	at once/namely	emptiness/nothing	receive	thinking	behavior	discernment	also/and
kǔ	è	sè	jí	kōng	shòu	xiǎng	xíng	shí	yì
ク	ャク	ショク	ソク	クウ	ジュ	ソウ	コウ	シキ	エキ

苦厄: 고통과 액난.

色卽空: 물질이 곧 공이다. 물질은 형상있는 모든 것. 공은 유(有)도 무(無)도 아닌 것. 모든 존재는 항상 변화하고 서로 연계적으로 존재하고 있는 것. 즉시(色卽是空)에서 나온 글자들임.

受想行識: 색(色)을 포함하여 오온(五蘊). 물질(色)·느낌(受)·생각(想)·행동(行)·식별작용(識).

무상(無常): 물(物)·심(心)의 모든 현상은 한 찰나에도 생멸 변화하여 상주(常住)하는 모양이 없는 것을 말함. 찰나무상(刹那無常)과 상속무상(相續無常)의 두 가지가 있음.

색즉시공 공즉시색(色卽是空 空卽是色): '반야심경'에 나오는 유명한 문구. 일체(一切)는 공(空)한 고로 아무것도 없고 진여실상인 공은 색인 모든 법의 차별에 있는 것이 아니고 공 자체 그대로가 모든 법이라고 하는 것.

bu/bok	bul/bu	myeol	gu	jeong	jeung	gam	gi	i	i
復	不	滅	垢	淨	增	減	奇	異	以
다시부 / 회복할 복	아니 불(부)	멸할 멸	때 구	맑을 정	불을증 / 더할증	덜 감	기이할 기	다를 이	써 이
again /recover	no /not	ruin	dirt	clean	increase	decrease	strange	different	by/with
fù	bù	miè	gòu	jìng	zēng	jiǎn	qí	yì	yǐ
フク	フ	メツ	コウ	ジョウ	ゾウ	ゲン	キ	イ	イ

亦復: 또한 다시.

不滅: 없어지지 아니함.

垢淨: 더럽고 깨끗함.

增減: 늘어나고 줄어듦.

奇異: 이상하고 다름.

* * * * * * * * * * * * * * * *

- 미움도 사랑도 부처님께 바치고
  괴로움도 쾌락도 부처님께 바치고
  미련도 분별도 부처님께 드리고
  오늘도 내일도 부처님 뜻대로
  이런 마음이 불자(佛子)요
  이 도리가 부처님 경지로다.　　　-덕진-

- 괴로움도 즐거움도 마음에서 생기고
  미움도 아쉬움도 내가 지었고
  착함도 악함도 자심(自心)에서 나오니
  내 마음에 긍정이 만중생에 안정이요
  내 얼굴에 미소가 만인에게 공양이요
  한순간 너그러움 이세상 평화로다.　　　-덕진-

go	an	i	bi	seol	sin	ui	seong	mi	chok
故	眼	耳	鼻	舌	身	意	聲	味	觸
故	眼	耳	鼻	舌	身	意	聲	味	觸
옛고/연고고	눈 안	귀 이	코 비	혀 설	몸 신	뜻 의	소리 성	맛 미	닿을 촉
ancient/reason	eye	ear	nose	tongue	body	mind/intention	voice/sound	taste	touch
gù	yǎn	ěr	bí	shé	shēn	yì	shēng	wèi	chù
コ	ガン	ジ	ビ	ゼツ	シン	イ	セイ	ミ	ショク

以故: ~로써, ~연고로, ~한 까닭으로.

眼耳鼻舌身意: 눈·귀·코·혀·몸·뜻.
우리가 알아 느끼는 여섯가지 감각기관. 육근(六根) 또는 육진(六塵)이라고 함.

聲味觸: 귀·혀·몸으로 느낄 수 있는 것.
즉 소리·맛·촉각.

보리살타(菩提薩埵): 보디삿트바와 같은 말,
보살의 원어

埵: 흙덩이 타

＊＊＊＊＊＊＊＊＊＊＊＊＊＊＊＊＊＊＊

• 지은바 업은 인과 연이 모여서 성숙한다. 그 때 떨어지는 폭포처럼 막을 수도 없고 대신 받을 자도 없는 것이다.

- 근본설일체유부비나야잡사-

ro	sa	hoek	deuk	sil	mul	gwae/ga	ae	yu	sang
老	死	獲	得	失	物	罣	碍	有	相
늙을 로	죽을 사	얻을 획	얻을 득	잃을 실	물건 물	걸 괘 / 거라낄 가	거리낄 애	있을 유	서로 상
old	die	get /obtain	get	lose /miss	matter /substance	hang /connected	hinder /disturb	be /have /exist	each other /figure
lǎo	sǐ	huò	de	shī	wù	guà	ài	yǒu	xiāng
ロウ	シ	カク	トク	シツ	ブツ	カイ	ガイ	ユウ	ソウ

老死: 늙고 죽음.

獲得失物: 물질을 얻고 잃음.

罣碍有相恐怖: 형상에 걸림이 있는 두려움.

석가모니 부처님의 출가에 대한 말씀

: 제 소원은 늙음과 죽음을 벗어나는 것이옵니다. 제가 만일 이 소원을 이룬다면 구태여 출가를 하지 않아도 되겠나이다.

-아함경-

gong	po	won	ri	jeon	do	mong	hwan	yuk	do
恐	怖	遠	離	顚	倒	夢	幻	六	度
두려워할 공	두려울 포	멀 원	떠날 리	넘어질 전	거꾸로 도	꿈 몽	미혹할 환	여섯 육	법도 도
afraid	fear	far away	leave	fall	upside down	dream	delusion /illusion	six	rule /regulation
kǒng	bù	yuǎn	lí	diān	dào	mèng	huàn	liù	dù
キョウ	フ	エン	リ	テン	トウ	ム	ゲン	ロク	ド

遠離顚倒: 전도(뒤엎다)를 멀리 여의다. 잘못된 견해에서 벗어나다.

夢幻: 꿈에서 본 것. 실제 형상없는 허깨비.

六度: (육바라밀) 무명중생이 도를 얻어 성불하고 행해야 할 여섯 가지 실천 덕목. 즉 보시(布施)・지계(持戒)・인욕(忍辱)・정진(精進)・선정(禪定)・지혜(智慧).

좌선: 앉아 있다고 해서 좌선이 될 수 없다. 삼계에 있으면서 몸과 마음이 움직이지 않는 것을 좌선이라 한다. 무심한 가운데 행동하는 것을 좌선이라 한다. 번뇌를 끊지 않고 열반에 드는 것을 좌선이라 한다.

-유마경-

gu	gyeong	yeol/nal	ban	nu/nyok	mak/myo	ri/je	sin	ju	deung
究	竟	涅	槃	耨	藐	提	神	呪	等
궁구할 구	지경 경 / 마침내 경	개흙 열 / 개흙 날	쟁반 반	김맬 누 / 김맬 뇩	멀 막 / 작을 묘	보리수리 / 이끌 제	신령할 신	빌 주 / 주문 주	같을 등 / 등급 등
master /research	boundary /finally	mud	tray	weed	far /small	bo tree /draw	God /ghost	pray /spell	equal /grade
jiù	jìng	niè	pán	nòu	miǎo	tí	shén	zhòu	děng
キュウ	キョウ	ネ	ハン	ドウ	ビョウ	テイ	シン	ジュ	トウ

究竟涅槃: 마침내 열반에 들다. 열반은 범어 인데 '번뇌의 불이 꺼지다' 란 뜻.

耨藐提: 범어 아뇩다라삼먁삼보리에서 나온 글자. 아뇩다라삼먁삼보리란 견줄 바 없는 최상의 지혜 즉, 깨달은 경지.

神呪: 신비한 주문.

- 참으로 제행은 무상하여 생멸(生滅)을 본질로 하는 것이다. 생한 것은 또한 멸하니 그것을 쉼이야말로 안락이구나.   -대반열반경-
- 마음이 평온해진 수행자는 이제는 들 휴식도 나올 휴식도 없다. 욕망이 없는 이는 적정에 이르러 이제는 깨달음조차 멸했다
- 구름은 달리건만 하늘은 움쩍 않고 배는 흘러가도 언덕은 그냥 있네. 원래에 아무것도 없나니 어디에 또 기쁨 슬픔 일으킬 건가?   -장자-

jib	neung	je	jin	sil	heo	mang	seol/yeol	wal	pal
集	能	除	眞	實	虛	妄	說	曰	八
集	能	除	眞	實	虛	妄	說	曰	八
모일 집	능할 능	덜 제	참 진	열매 실	빌 허	거짓 망	말씀 설/기쁠 열	가로되 왈	여덟 팔
gather	able	subtract	truth	reality /fruit	vain	untruth	say /speak	say	eight
jí	néng	chú	zhēn	shí	xū	wàng	shuō	yuē	bā
シュウ	ノウ	ジョ	シン	ジツ	キョ	モウ	セツ	エツ	ハチ

等集: 같은 등속을 모음.

能除: 능히 없앰.

眞實虛妄: 진실함과 허망함.

說曰: 말하여 가로되.

• **행복한 삶**에는 건강, 재산, 가족, 지식이 있어야 한다. 이 네 가지를 잘 다스릴 때 행복하다. 부처님 법에는 이 모든 것을 잘 다스리는 지혜가 있다.

• **중도**(中道, madhyamā-pratipad): ①양 극단을 떠나 어느 한편으로 치우치지 않는, 사람이 행하여야 할 바른길. 중정(中正) ②유(有)나 공(空) 어느 것에도 치우치지 않고 양자에 균일된 것.

man	gu	eop	nae	oe	an	wi	gae	ge	ji
萬	口	業	內	外	安	慰	開	偈	持
일만 만	입 구	업 업	안 내	바깥 외	편안할 안	위로할 위	열 개	쉴 게	가질 지
ten thousand	mouth	karma	inside	outside	comfortable	console	open	Buddhist poetry/rest	hold
wàn	kǒu	yè	nèi	wài	ān	wèi	kāi	jié	chí
マン	コウ	ギョウ	ナイ	ガイ	アン	イ	カイ	ケ	ジ

八萬: 팔만사천은 인도에서 무한히 많다는 뜻으로 쓰이는 말. 팔만대장경은 불교의 모든 경전이라는 의미.

口業: 입으로 짓는 업. 즉 망어·악담·양설·기어 등.

內外安慰: 안과 밖을 모두 편안하게 위로함.

開偈持誦: 게송을 열어 지니고 외우다.

천수경(千手經)

淨口業眞言:
입으로 지은 죄업 맑게 씻어 주옵소서.
수리수리 마하수리 수수리 사바하 (3번)

五方內外安慰諸神眞言: 오방의 모든 신은 평안한 마음으로 경문을 들으소서.
나무 사만다 못다남 옴 도로도로 지미 사바하
(3번)

song	sim	sim	nan	jo	u	gwang	won	man	gye
誦	甚	深	難	遭	遇	廣	圓	滿	稽
욀송	심할심	깊을심	어려울난	만날조	맞을우	넓을광	둥글원	찰만	상고할계
recite	extremely	deep	difficult	meet	meet/greet	broad/wide	encircle/round	fill	give a deep bow
sòng	shèn	shēn	nán	zāo	yù	guǎng	yuán	mǎn	jī
ショウ	ジン	シン	ナン	ソウ	グウ	コウ	エン	マン	ケイ

甚深: 매우 깊음. 심히 깊음.

難遭遇: 만나기가 어려움.

廣圓滿: 넓고 크고 원만함.

＊＊＊＊＊＊＊＊＊＊＊＊＊＊＊＊

開經偈: 경전을 펴서 찬탄하는 게송

無上甚深微妙法: 깊고 깊은 미묘한 법
百千萬劫難遭遇: 백천만겁 지나도 만나기 어려워라.

我今聞見得受持: 저희 이제 보고 듣고 지니오니
願解如來眞實意: 진실한 부처님 말씀 깨치기 원하옵니다.

開法藏眞言: 법을 여는 진언

옴 아라남 아라다 (3번)

千手千眼觀自在菩薩 廣大圓滿無礙大悲心 大陀羅尼啓請: 천수천안 지니신 관자재보살님 크고 둥글고 걸림없는 자비의 다라니를 받드오니 우리곁에 임하소서.

su	gye	cheong	su	bi	wi	ho	ho	jang	eom
首	啓	請	手	臂	爲	護	好	莊	嚴
首	啓	請	手	臂	爲	護	好	莊	嚴
머리 수	열 계	청할 청	손 수	팔 비	위할 위 /할 위	보호할 호	좋을 호	꾸밀 장	엄할 엄 /꾸밀 엄
head	open	request	hand	arm	do	protect	good/nice	decorate	strict /decorate
shǒu	qǐ	qǐng	shǒu	bèi	wéi	hù	hǎo	zhuāng	yán
シュ	ケイ	セイ	シュ	ヒ	イ	ゴ	コウ	ソウ	ゲン

稽首啓請: 머리 조아리며 열어 청함.
手臂: 손과 팔.
爲護: 보호함.
好莊嚴: 좋게 꾸밈.
* * * * * * * * * * * * * * * * * *
稽首觀音大悲呪: 자비하신 관음보살 대비주에 절합니다.
願力弘深相好身: 그 원력이 위대하고 상호 또한 거룩하사.

千臂莊嚴保護持: 천의 팔로 장엄하여 모든 중생 거두시고
千眼光明遍觀照: 일천 눈의 광명으로 온 세상을 살피시네.
眞實語中宣密語: 참된 말씀 베푸시어 비밀한 뜻 보이시고
無爲心內起悲心: 하염없는 마음으로 자비심을 펼치시어

seon	mil	eo	hui	gu	myeon	hoe	se/seon	cheok	jeung
宣	密	語	希	求	面	會	洗	滌	證
베풀 선	은밀할 밀	말씀 어	바랄 희	구할 구	낯 면	모일 회	씻을 세 / 깨끗할 선	씻을 척	증거 증
give	confidential /secret	words	hope	seek	face	gather	wash	wash	evidence
xuān	mì	yǔ	xī	qiú	miàn	huì	xǐ	dí	zhèng
セン	ミツ	ゴ	キ	キュウ	メン	カイ	セン	テキ	ショウ

宣密語希求: 밀어(주문, 진언) 베풀어 주시기를 바랍니다.

面會: 만나보다.

洗滌: 닦고 씻음.

速令滿足諸希求: 저희들의 온갖 소원 어서 빨리 이루옵고

永使滅除諸罪業: 모든 죄업 남김없이 깨끗하게 씻어이다.

天龍衆聖同慈護: 하늘 땅의 모든 성중 사랑으로 감싸시니

百千三昧頓熏修: 백천가지 온갖 삼매 한꺼번에 깨치이다.

受持身是光明幢: 법을 받든 이내 몸은 밝고 빛난 깃발이요

geo	nam	mu	seung	seon	byeon/pyeon	so	so	dok	ryong
據	南	無	乘	船	便	所	消	毒	龍
據	南	無	乘	船	便	所	消	毒	龍
의거할 거	남녁 남	없을 무	탈 승	배 선	똥,오줌 변/편할 편	바소/곳소	사라질 소	독 독	용 룡
based	south	nothing	ride	ship	excreta/comfortable	place	disappear/get rid of	poison	dragon
jù	nán	wú	chéng	chuán	biàn	suǒ	xiāo	dú	lóng
キョ	ナン	ム	ジョウ	セン	ベン	ショ	ショウ	ドク	リュウ

南無: 범어 나마스의 음역. 중생이 부처님에게 진심으로 귀의 경순한다는 말.

乘船: 배를 타다.

消毒: 독을 없앰.

便所: 대소변을 하는 곳. 화장실

受持心是神通藏: 법을 받든 이내 마음 신통함을 갖추어서

洗滌塵勞願濟海: 모든 티끌 떨어내고 고통 바다 어서 건너

超證菩提方便門: 보리법의 방편문을 속히 얻게 하사이다.

我今稱誦誓歸依: 지성귀의 맹서하며 읽고 외기 원하오니

所願從心悉圓滿: 마음따라 모든 소원 이뤄지게 하옵소서.

ho	yung	geop	ching	chan	dun/don	jeom/cham	dong	mun	hwa
虎	永	劫	稱	讚	頓	漸	同	門	火
범 호	길 영	겁 겁	일컬을 칭	기릴 찬	둔할둔 /갑자기돈	차차 점 /험할 참	한가지 동	문 문	불 화
tiger	eternal	kalpa	call /name	praise	dull /suddenly	gradually	same	door	fire
hǔ	yǒng	jié	chēng	zàn	dùn	jiàn	tóng	mén	huǒ
コ	エイ	キョウ	ショウ	サン	トン	ゼン	ドウ	モン	カ

龍虎: 용과 호랑이.

永劫稱讚: 오랜 세월 동안 칭찬하다.

頓漸: 몰록 깨침과 점차로 깨침.

同門: 한 학교 출신, 또는 같은 문중(집안).

* * * * * * * * * * * * * * * * * * *

南無大悲觀世音: 자비하신 관세음께 귀의하옵고,
願我速知一切法: 이 세상의 온갖 진리
　　　　　　속히 알기 원합니다.

願我早得智慧眼: 부처님의 지혜 눈을
　　　　　　빨리 얻기 원합니다.
願我速度一切衆: 한량없는 모든 중생
　　　　　　속히 건지기 원합니다.
願我早得善方便: 팔만사천 좋은 방편
　　　　　　빨리 얻기 원합니다.
願我速乘般若船: 부처되는 지혜의 배
　　　　　　속히 타기 원합니다.

tang	choe	jeol	jo	sok	deung	cho	wol	gi	lib
湯	摧	折	早	速	登	超	越	起	立
끓인물 탕	꺾을 최	꺾을 절	일찍 조 / 새벽 조	빠를 속	오를 등	넘을 초	넘을 월	일어날 기	설 립
boiled water /soup	break	bend	early /dawn	fast	climb	super/skip	overpass	rise	stand
tāng	cuī	zhé	zǎo	sù	dēng	chāo	yuè	qǐ	lì
トウ	サイ	セツ	ソウ	ソク	トウ	チョウ	エツ	キ	リツ

火湯: 쇳물이 끓는 지옥.

摧折: 꺾다.

早速登: 빨리 오르다.

超越: 뛰어넘다.

起立: 일어서다.

＊＊＊＊＊＊＊＊＊＊＊＊＊＊＊＊＊＊

南無大悲觀世音: 자비하신 관세음께 귀의하옵고,
願我早得越苦海: 생로병사 고통바다
　　　　　　　　벗어나기 원합니다.

願我速得戒定道: 무명 벗는 청정 계율
　　　　　　　　잘 지키기 원합니다.
願我早登圓寂山: 고뇌 그친 열반 경지
　　　　　　　　올라가기 원합니다.
願我速會無爲舍: 하염없는 법의 진리
　　　　　　　　속히 알기 원합니다.
願我早同法性身: 절대 진리 법성의 몸
　　　　　　　　빨리 되기 원합니다.

go	gal	seong	gyeok/gak	hyang	a	gwi	chuk	po	sik/sa
枯	渴	性	格	向	餓	鬼	畜	飽	食
枯	渴	性	格	向	餓	鬼	畜	飽	食
마를 고	목마를 갈	성품 성 /성성	이를 격 /그칠 각	향할 향	주릴 아	귀신 귀	가축 축 /쌓을 축	배부를 포	밥 식 /밥먹을 사
withered	thirsty	nature /sex	personality /straighten	towards	hungry	ghost	livestock	replete	meal /eat
kū	kě	xìng	gé	xiàng	è	guǐ	chù	bǎo	shí
コ	カツ	セイ	カク	コウ	ガ	キ	チク	ホウ	ショク

枯渴: 물이 바짝 마름. 구하는 자금이나
　　　물건 따위가 딸려서 없음.
性格: 각각의 사람에게 있는 특유한 성질,
　　　인품, 품성.
向餓鬼: 아귀도에 향하다. 배고픔에
　　　허덕이는 생명체가 되더라도.
畜飽食: 짐승은 배부르게 먹는다.

* * * * * * * * * * * * * * * * * *

我若向刀山: 칼산으로 내가가면
刀山自摧折: 칼날들이 부러지고

我若向火湯: 화탕으로 내가가면
火湯自消滅: 화탕들이 사라지리
我若向地獄: 지옥으로 내가가면
地獄自枯渴: 지옥절로 없어지고
我若向餓鬼: 아귀앞에 내가가면
餓鬼自飽滿: 배고픔이 없어지리
我若向修羅: 수라앞에 내가가면
惡心自調伏: 악한마음 가라앉고
我若向畜生: 짐승세계 내가가면
自得大智慧: 밝은지혜 얻으리라

jeong	chwi/chok	gang	to	ak/o	jo	bok	ok	sal	cheong
正	趣	康	土	惡	調	伏	獄	殺	淸
正	趣	康	土	惡	調	伏	獄	殺	淸
바를 정	향할 취 / 재촉할 촉	편안할 강	흙 토	악할 악 / 미워할 오	고를 조 / 뽑힐 조	엎드릴 복	옥 옥	죽일 살	맑을 청
right /true	towards /press	peaceful	territory	badness	adjust	prostrate	prison	kill	clear
zhèng	qù	kāng	tǔ	è	diào	fú	yù	shā	qīng
セイ	シュ	コウ	ト/ド	アク	チョウ	フク	ゴク	サツ	セイ

ryang	da	ryun	hoe	a	mi	ta	jang	gu	swae
涼	茶	輪	廻	阿	彌	陀	章	句	灑
서늘할 량	차 다	바퀴 륜	돌 회	언덕 아	두루 미칠 미	비탈질 타	글 장 /문체 장	글귀 구	뿌릴 쇄
cool	tea	wheel	revolve	hill	pervasive	slope	sentence /chapter	phrase	sprinkle
liáng	chá	lún	huí	ā	mí	tuó	zhāng	jù	sǎ
リョウ	サ	リン	カイ	ア	ビ/ミ	ダ	ショウ	ク	サイ

清凉茶 : 맑고 시원한 차. 상쾌한 음료, 차.

輪廻 : 돌다. 생명이 나고 죽음을 반복하며 육도를 맴돌다.

阿彌陀 : (범어) 아미타불의 준말. 아미타불은 영원한 생명의 부처님(無量壽佛), 또는 한없는 광명의 부처님(無量光佛)이라 번역함.

章句 : 글 구절

道場讚 : 도량이 깨끗함을 찬탄함.

道場清淨無瑕穢: 온 도량이 깨끗하니
三寶天龍降此地: 삼보천룡이 도량에 나리소서.
我今持誦妙眞言: 묘한 진언 지니옵고 외우오니
願賜慈悲密加護: 자비로운 가피내려 주옵소서.

懺悔偈 : 잘못을 참회하는 게송.

我昔所造諸惡業: 내가 지은 모든 악업
皆由無始貪瞋癡: 탐진치로 생겼나니
從身口意之所生: 몸과 입과 뜻이 한 일
一切我今皆懺悔: 이제 모두 참회합니다.

su	gyeol	jang/ryang	gu	jon	ha	ye	tam	jin	chi
水	潔	場	俱	存	瑕	穢	貪	嗔	癡
물 수	깨끗할 결	마당 장 /마당 량	함께 구	있을 존 /살필 존	티 하	더러울 예	탐할 탐	성낼 진	어리석을 치
water	pure	ground /place	together	exist	flaw	dirty	covet	angry	foolish
shuǐ	jié	cháng	jū	cún	xiá	huì	tān	chēn	chī
スイ	ケツ	ジョウ	グ	ソン	カ	ワイ	タン	シン	チ

灑水潔場: 물 뿌려 도량(마당)을 깨끗이 하다.
俱存: 함께 있다.
瑕穢: 옥에 티가 묻은 흠. 즉 작은 더러움.
貪瞋癡: 탐내고 성내고 어리석음.

* * * * * * * * * * * * * * * * *

十惡懺悔: 열 가지 악업을 참회함.
殺生重罪今日懺悔: 산 목숨 죽인 죄업
　　　　　　　마음깊이 참회하며

偸盜重罪今日懺悔: 남의 물건 훔친 죄업
　　　　　　　무릎 꿇고 참회하며
邪淫重罪今日懺悔: 사음하던 무거운 죄
　　　　　　　눈물로써 참회하며
妄語重罪今日懺悔: 거짓말한 그 죄업도
　　　　　　　새삼깊이 참회하며
綺語重罪今日懺悔: 꾸며대던 모든 잘못
　　　　　　　두 손 모아 참회하고

si	cho	bal	wi	jin	wang	geum	gang	gi	gan
始	初	發	威	振	王	金	剛	期	間
처음 시	처음 초	필발 /일어날 발	위엄 위	떨칠 진	임금 왕	쇠금 /성씨 김	굳셀 강	때 기	사이 간
beginning	beginning	happen /issue	dignity	tremble /shake off	king	metal /gold	strong /firm	time /expect	gap /interval
shǐ	chū	fā	wēi	zhēn	wáng	jīn	gāng	qī	jiān
シ	ショ	ハツ	イ	シン	オウ	キン	ゴウ	キ	ケン

始初發: 처음 출발하다.

威振王: 위엄을 떨치는 임금.

金剛: 금속 가운데 가장 단단한 금강석을 일컬음.

期間: ~동안.

兩舌重罪今日懺悔: 이간질한 그 죄업도 오늘 새삼 참회하며

惡口重罪今日懺悔: 험담하던 그 죄업도 지성으로 참회하고

貪愛重罪今日懺悔: 탐애했던 무거운 죄 마음 깊이 참회하며

瞋恚重罪今日懺悔: 조급하게 성낸 죄도 오늘 모두 참회하고

癡暗重罪今日懺悔: 어리석어 지은 죄들 이제 모두 참회합니다.

jung	jang	goe	san	hwan	hui	ju	hang	ha	sa
重	障	壞	散	歡	喜	珠	恒	河	沙
무거울 중	가로막을 장	무너질 괴	흩어질 산	기뻐할 환	기쁠 희	구슬 주	항상 항	강 하 물 하	모래 사
heavy /repeat	block /clog	ruin	scatter /disperse	pleasure	delightful	bead /pearl	always	name of a river	sand
zhòng	zhàng	huài	sǎn	huān	xǐ	zhū	héng	hé	shā
ジュウ	ショウ	カイ	サン	カン	キ	シュ	コウ	カ	サ

jeok	seon	seung	sa	bun	cho	chwi	ja	i	chim
積	善	勝	獅	焚	草	聚	字	已	侵
積	善	勝	獅	焚	草	聚	字	已	侵
쌓을 적	착할 선	이길 승	사자 사	불사를 분	풀 초	모일 취	글자 자	이미 이	침노할 침
accumulate	good	win	lion	burn	grass	assemble	letter	already	invade
jī	shàn	shèng	shī	fén	cǎo	jù	zì	yǐ	qīn
セキ	ゼン	ショウ	シ	フン	ソウ	シュウ	ジ	イ	シン

勝獅: 사자를 이기다.

焚草: 풀을 불에 태우다.

聚字: 글자를 모음.

* * * * * * * * * * * * * * * * * *

懺悔眞言: 죄를 참회하는 진언

옴 살바 못자 모지 사다야 사바하 (3번)

淨法界眞言: 법계를 깨끗이 하는 진언

옴 남 (3번)

護身眞言: 몸을 보호하는 진언

옴 치림 (3번)

觀世音菩薩本心微妙六字大明王眞言:

관세음보살님이 미묘한 본심을 보이는 여섯 자로 된 대명왕진언

옴 마니 반메 훔 (3번)

byeon	bun	tu	do	sa	eum	ga	nyeom	jeok	jeong
邊	分	偸	盜	邪	淫	可	念	寂	靜
가 변	신분 분 /나눌 분	훔칠 투	훔칠 도	간사할 사	음란할 음	옳을 가 /허락할 가	생각할 념	고요할 적	고요할 정
border	divide /share	steal	steal	wicked	lewd /obscene	right	thinking	silence	calm
biān	fēn	tōu	dào	xié	yín	kě	niàn	jì	jìng
ヘン	フン	トウ	トウ	シヤ	イン	カ	ネン	セキ	セイ

已侵邊分: 이미 침노되어 변두리가 떨어져 나가다.

偸盜: 남의 물건을 몰래 훔침.

邪淫: 마음이 요사스럽고 음탕함. 그릇된 성행위.

可念: 옳은 생각.

寂靜: 괴괴하고 고요함. 번뇌를 떠나 고를 멸한 해탈, 열반의 경지.

如來十大發願文: 부처님께 올리는 열 가지 발원문

願我永離三惡道: 괴로운 삼악도를 영원히 떠나리다.

願我速斷貪瞋癡: 어리석은 탐진치, 하루속히 끊으리다.

願我常聞佛法僧: 보배로운 불법승, 한결같이 모시리다.

願我勤修戒定慧: 진리없는 계정혜, 부지런히 닦으리다.

願我恒修諸佛學: 부처님의 모든 말씀, 하루같이 따르리다.

beon	noe	mong	dan	jin	eh	il	wol	seong	jin/sin
煩	惱	亡	斷	瞋	恚	日	月	星	辰
煩	惱	亡	斷	瞋	恚	日	月	星	辰
괴로워할 번	괴로워할 뇌	죽을 망 / 잃을 망	끊을 단	눈부릅뜰 진	성낼 에	날 일	달 월	별 성	지지 진 / 일월성 신
agony/ banked up a fire	suffer	ruin/lose	renounce	glare	angry	day	moon	star	the sign of the dragon
fán	nǎo	wáng	duàn	chēn	huì	rì	yuè	xīng	chén
ハン	ノウ	ボウ	ダン	シン	ケイ	ジツ	ゲツ	セイ	シン

煩惱亡斷: 번뇌를 끊어 없애다.

瞋恚: 노여움, 분노, 성내는 일.

日月星辰: 하늘에 대한 해, 달, 별 또는 하늘
에 대한 신앙대상으로도 부름.

＊＊＊＊＊＊＊＊＊＊＊＊＊＊＊＊＊＊＊

願我不退菩提心:
　　군건한 보리심에서 물러서지 않으리다.

願我決定生安養:
　　서방의 극락정토에 결정코 태어나리다.

願我速見阿彌陀:
　　아미타 부처님을 하루빨리 뵈오리다.

願我分身遍塵刹:
　　괴로운 곳곳마다 자비손길 뻗치리다.

願我廣度諸衆生:
　　어리석은 모든 중생 남김없이 제도하리다.

sa	jun	myeong	seo	chwi	hak	ae	in	su	toe
賜	准	名	誓	就	學	愛	人	隨	退
賜	准	名	誓	就	學	愛	人	隨	退
줄 사	승인할 준	이름 명	맹서할 서	나아갈 취	배울 학	사랑 애	사람 인	따를 수	물러날 퇴
bestow	recognize /grant	name /famous	swear	achieve	learn	love	man	follow	retreat
cì	zhǔn	míng	shì	jiù	xué	ài	rén	suí	tuì
シ	ジュン	メイ	セイ	シュウ	ガク	アイ	ジン	ズイ	タイ

賜准名: 이름을 승인하여 주다.

誓就學: 배움을 이루고자 맹세함.

愛人隨退: 애인따라 물러나다.

• 세상에서는 세 가지 헛된 가르침이 있으니, '사람의 하는 바는 일체가 다 숙명으로 인해 지어졌다' 거나 '사람의 하는 바는 일체가 다 신의 지음에 원인한다' 고 하거나 '사람의 하는바는 일체가 다 인(因)도 없고 연(緣)도 없다' 고 하는 것이 그 세 가지 헛된 가르침이니라.

-아함경-

joe	cham	hoe	gang/hang	hong	dang	buk	gun	tang	se
罪	懺	悔	降	弘	幢	北	軍	蕩	勢
罪	懺	悔	降	弘	幢	北	軍	蕩	勢
허물 죄	뉘우칠 참	뉘우칠 회	내릴 강 / 항복할 항	넓을 홍	기 당	북녁 북	군사 군	쓸어없앨 탕	기세 세
crime/sin	repent	repent	descend /surrender	extensive	pennon	north	military	exterminate	influence /force
zuì	chàn	huǐ	jiàng	hóng	zhuàng	běi	jūn	dàng	shì
ザイ	ザン	カイ	コウ	コウ	トウ	ホク	グン	トウ	セイ

罪懺悔: 잘못 저지른 죄를 뉘우치다.

降弘幢: 큰 깃발을 내리다.

北軍蕩: 북쪽 군대를 다 쓸어 없애고 (북의 적군을 이기고).

* * * * * * * * * * * * * * * * *

• 부처님에 대한 깨끗하고 굳건한 믿음을 성취하고, 법과 승단에 대한 깨끗하고 굳건한 믿음을 성취하면 이것이 '성인 제자의 네 가지 무너지지 않는 **깨끗한 믿음의 성취**' 이다.

-잡아함경-

• **바른 믿음**을 큰 강으로 하고 **깨끗한 계율**을 배로 삼아라. 맑고 깨끗이 흐르는 물은 **지혜로운 이**의 칭찬하는 바이니라.   -잡아함경-

• **믿음은 도**(道)의 근원이요, **공덕의 어머니**이다. 그러므로 믿음은 일체의 선법(善法)을 기르나니라.   -구역 화엄경 현수보살품-

gyeon	go	yeom	yeo	je	ji	su	yu	seok	ji
堅	固	炎	餘	濟	胝	須	由	昔	之
굳을 견	굳을 고	불탈 염 /불꽃 염	남을 여	건널 제	굳은살 지	모름지기 수	말미암을 유	옛 석	갈 지
hard /solid	hard/harden /firm	flame	remain	pass over /relieve	hardened skin	should	come from /cause	past	go/this
jiān	gù	yán	yú	qí	zhī	xū	yóu	xí	zhī
ケン	コ	エン	ヨ	セイ	チ	シュ	ユウ	セキ	シ

勢堅固: 세력이 단단하다. 또는 견고한 힘.

炎餘: 나머지를 태우다.

須由昔: 모름지기 옛날로 인하여.

* * * * * * * * * * * * * * * * *

모두 잃고 말았으니

옛날에 두 사람이 살고 있었다. 이 두 사람은 사탕수수를 심으면서 서로 맹세했다.

"좋은 종자를 얻은 사람에게는 후한 상을 주고, 좋지 못한 종자를 얻은 자에게는 중한 벌을 주도록 하자."

그중 한 사람이 이렇게 생각했다.

'사탕수수는 매우 달다. 만약 그 즙을 짜서 그 나무에 도로 주면 그 맛은 다른 것보다 훨씬 달겠지.'

그는 곧 사탕수수를 눌러 그 즙을 짜서 그 나무에 주었다. 그러나 도리어 그 종자마저 못쓰게 되었을 뿐 아니라 사탕수수를 모두 잃고 말았다. -백유경-

※ 이 설화는 사물의 이치도 깊이 생각하지 않고 조급하고 어리석게 하면 일을 망친다는 교훈.

geum	myeong	ryeong	jo	kyeong	gi	yang/ryang	mong	mae	jae
今	命	令	造	景	器	量	蒙	昧	齋
이제 금	목숨 명	하여금 령	지을 조	빛 경 / 경치 경	그릇 기	양 양 / 헤아릴 량	어릴 몽	어두울 매	몸과 마음을 깨끗이 할 재
now	life	order/law	make	sunlight /scene	vessel	measure	young	obscure	purify oneself
jīn	mìng	lìng	zào	jǐng	qì	liàng	méng	mèi	zhāi
キン	メイ	レイ	ゾウ	ケイ	キ	リョウ	モウ	マイ	サイ

造景: 경치를 조성함.

器量: 그릇의 크기. 사람 됨됨을 헤아리는 말.

蒙昧: 어리석음.

齋壇: 부처님 또는 조상님께 공양을 올리는 단.

※ 재(齋): 불교에서 공양을 베풀고, 음식·의복·재물 등을 나누어주고 공덕을 짓는 일. 또는 공양의식 및 불공·천도·기도 등의 뜻이 부여되는 의식

※ 재계(齋戒): 마음과 몸을 깨끗이하고 행동을 조심하는 것.

• 눈이 만일 나라면 핍박의 괴로움을 받을 까닭이 없고, 이리저리 원하는 대로 할 수가 있으리라. 그러나 눈은 내가 아니기 때문에 핍박의 괴로움을 받고, 이리저리 원하는 대로 할 수가 없다. 귀·코·혀·몸·의지 또한 그와 같다. -잡아합경-

• 무아(無我)와 무소유(無所有)와 교만과 집착하는 번뇌가 없어서, 그는 마음이 해탈하고 지혜가 해탈하여 현재에서 증득한 줄을 스스로 알아 원만히 머무르는 것이다. -잡아함아난사리불경-

dan	yeo	si	a	mun	ga	sin	bong	jong	wi
壇	如	是	我	聞	伽	信	奉	從	衞
제단 단	같을여 /만일 여	옳을시 /이시	나 아	들을 문	절 가 /범어음 가	믿을 신	받들 봉	좇을종 /따를 종	지킬 위
platform /altar	same	right/this	I/we	hear	temple	believe	serve /honor	obey /follow	guard
tán	rú	shì	wǒ	wén	qié	xìn	fèng	cóng	wèi
タン	ジョ	シ	ガ	ブン	カ	シン	ホウ	ショウ	エイ

如是我聞: 이와같이 나는 들었다. 모든 불교 경전이 부처님을 가장 오래 모신 아난존자가 부처님께 법문들은 대로 외우고 대중이 증명하여 엮어졌다. 불교경전이 대부분 여시아문으로 시작하여 신수봉행으로 마친다.

伽信奉從: 절에서 믿고 받들고 따르다.

• 만물에 대해 널리 잘 알아도 인도(人道)를 알지 못하면 지혜롭다 할 수 없고, 중생을 널리 사랑할지라도 인류애(人類愛)가 없으면 인(仁)이라 할 수 없다.　　　-회남자-

信受奉行: 믿고 받아서 받들어 실행하다. 대다수 경전이 '부처님께서 하는 법문을 대중들이 듣고 신수봉행 하겠습니다.' 라고 다짐하고 끝난다.

guk	gi	do	su	geup	go	won	yeo	bi	gu
國	祈	禱	樹	給	孤	園	與	比	丘
나라 국	빌 기	빌 도	나무 수	줄 급	외로울 고	동산 원	더불 여	견줄 비	언덕 구
nation /country	pray	pray	tree /plant	give /provide	lonely /orphan	garden	together	compare	hill
guó	qí	dǎo	shù	gěi	gū	yuán	yǔ	bǐ	qiū
コク	キ	トウ	ジュ	キュウ	コ	エン	ヨ	ヒ	キュウ

衛國祈禱: 나라를 잘 지키자는 기도.

樹給孤園: 기수급고독원을 말함. 기수급고독 장자가 최초로 절을 지어 기원정사라 하고 그 동산을 기수급고독원이라 했다.

與比丘作乞士: 비구와 같이 걸사가 되다. 비구는 남승(男僧), 비구니는 여승(女僧), 걸사는 비구를 자칭함.

사무량심(四無量心)

: 한없는 중생을 어여삐 여기는 네 가지 마음, 자(慈)·비(悲)·희(喜)·사(捨).
①자(慈): 남에게 이익과 안락을 줌. 여락(與樂) ②비(悲): 불이익과 고통을 덜어 줌. 발고(拔苦) ③희(喜): 남의 즐거움을 같이 즐거워함. ④사(捨): 다른 이에게 애증원친(愛憎怨親)의 마음을 갖지 않고 항상 평정을 유지하는 것.

jak	geol	sa	hwan	i	cheo	ban	geul/heul	su	ui
作	乞	士	還	爾	處	飯	訖	收	衣
지을작/만들 작	빌 걸	선비 사	돌아올 환	너 이	곳 처/살 처	밥 반	마칠 글/이를 흘	거둘 수	옷 의
make	beg	scholar	return	you	place	meal	finish	gather	clothes
zuò	qǐ	shì	huán	ěr	chǔ	fàn	qì	shōu	yī
サク	キツ	シ	カン	ジ	ショ	ハン	キツ	シュウ	イ

還爾處: 그곳에 돌아오다.

飯訖: 밥먹기를 마치고.

收衣鉢: 옷과 발우를 거두고.

※ 의발은 수행자의 필수품. 불교 교단에서는 제자에게
　법맥을 전수할 때 의발을 주었다 한다.
※ 발우(鉢盂) : 승려들의 밥그릇.

만약 보살의 마음에
아상 · 인상 · 중생상 · 수자상이 있다면
그는 보살이 아니기 때문이니라.
수보리야,
보살은 마땅히 이와 같이 보시하되
상을 내어서는 안된다.
왜냐하면 만약 보살이 **상없이** 보시를 행하면
그 복덕이 헤아릴 수 없이 크기 때문이니라.
-금강경-

bal	eo	gi	seong	ip	bu	jwa	i	jwa	in
鉢	於	其	城	入	敷	座	而	坐	因
鉢	於	其	城	入	敷	座	而	坐	因
바리때 발	어조사 어	그 기	재 성 /성 성	들 입	펼 부	자리 좌	말이을 이	앉을 좌	인할 인
wooden-bowl of priests	particle	it/that	castle	enter	set up	seat	and/only /but	sit	cause
bō	yú	qí	chéng	rù	fū	zuò	ér	zuò	yīn
ハツ	ヨ	キ	ジョウ	ニュウ	フ	ザ	ジ	ザ	イン

만일, 또 어떤 사람이 이 경 가운데
다만 사구게만이라도 받아 지니고
다른 사람에게 설명해 준다면
그 복덕이 저 복덕보다 훨씬 클 것이다.

-금강경-

yeon	gwa	bo	hyeon	hwang	pyeon	dan	u	gyeon	hap
緣	果	報	現	況	偏	袒	右	肩	合
緣	果	報	現	況	偏	袒	右	肩	合
가 연 / 인연 연	실과 과	갚을 보 / 알릴 보	나타날 현	하물며 황	치우칠 편	웃통벗을 단	오른쪽 우	어깨 견	합할 합
occasion	fruit	repay /requite	appear	more over	lean /incline	take off	right side	shoulder	unite/total
yuán	guǒ	bào	xiàn	kuàng	piān	tǎn	yòu	jiān	hé
エン	カ	ホウ	ゲン	キョウ	ヘン	タン	ユウ	ケン	ゴウ

因緣果報: 원인에 따른 결과. 사람에 대하여는 금생에 인을 지어 금생에 결과를 받는 것과 다생에 걸쳐 이행되기도 한다.

現況: 현재 상황.

偏袒右肩: 웃옷(또는 가사)을 오른쪽 어깨에 걸쳐 입다.

應無所住而生其心: 마땅히 머무는 바 없이 마음을 낼지니라.

如來是眞語者實語者: 여래는 진리를 말하고, 진실을 말하고, 실상대로 말하며,

不誑語者不異語者: 거짓말을 하지 않으며 두 가지 말을 하지 않는다.

-금강경-

jang	gong	gyeong	eung	baek	un	ha	nam	nyeo	mok
掌	恭	敬	應	白	云	何	男	女	目
掌	恭	敬	應	白	云	何	男	女	目
손바닥 장	공손할 공	공경할 경	응할 응 /당할 응	흰 백 /아뢸 백	이를 운	어찌 하	사내 남	계집 녀	눈 목
palm	respectful	respect	reply	white	say	what /how	man/ male	woman /female	eye
zhǎng	gāng	jìng	yìng	bái	yún	hé	nán	nǚ	mù
ショウ	キョウ	ケイ	オウ	ハク	ウン	カ	ダン	ジョ	モク

yeo	bin	che	cheong	bi	yu	beol	pa	sang	jaeng
汝	賓	諦	聽	譬	諭	筏	頗	尚	諍
汝	賓	諦	聽	譬	諭	筏	頗	尚	諍
너 여	손빈 /좇을 빈	살필 체 /살필 제	들을 청	비유할 비	타이를 유 /깨우칠 유	뗏목 벌	자못 파	오히려 상	말다툼 쟁
you	guest	realize	listen	compare	remonstrate /realize	raft	partial	rather	argue
rǔ	bīn	dì	tīng	pì	yù	fá	pǒ	shàng	zhēng
ジョ	ヒン	テイ	チョウ	ヒ	ユ	バツ	ハ	ショウ	ソウ

汝賓諦聽: 네가 이제 자세히 들어라.

譬諭筏: 뗏목에 비유함.

尚諍綺: 오히려 다투어 속인다.

과거의 마음도 가히 얻을 수 없고
현재의 마음도 얻을 수 없으며,
미래의 마음도 또한
얻을 수 없기 때문이니라.

-금강경-

gi	choe	gang	ja	jong	ryu	tae	ran	seup	su
綺	最	強	者	種	類	胎	卵	濕	壽
綺	最	強	者	種	類	胎	卵	濕	壽
비단 기	가장 최	강할 강	놈 자	심을 종 / 씨종	무리 류	아이밸 태	알 란	축축할 습	목숨 수
silk	utmost	strong	person	plant /seed	class /kind	pregnant	egg	moist/wet	longevity
qǐ	zuì	qiáng	zhě	zhǒng	lèi	tāi	luǎn	shī	shòu
キ	サイ	キョウ	シャ	シュ	ルイ	ハイ	ラン	シツ	ジュ

最強者: 가장 강한 자.

種類胎卵濕: 생명이 태어나는 종류가
　　　　　　　　태생, 난생, 습생이다.

※ 여기서 화생(化生)을 더하여 사생(四生)이라 함.

“세존이시여,
부처님께서 설해 주신 바에 따르면 32상만으로는 여래를 볼 수 없다고 알고 있습니다.”
그러자 이때 세존께서 게송으로 말씀하시었다.
“만약 형상을 통해 나를 보려거나 음성을 통해 나를 찾는다면 이 사람은 삿된 도를 가질 뿐 여래를 능히 보지 못하리라.

-금강경-

bok	su	nyeong	wi	dan	heung	gyo	mi	jeung	sil
福	授	寧	謂	但	興	教	未	曾	悉
복 복	줄 수	편안할 녕	이를 위	다만 단	일으킬 흥	가르칠 교	아닐 미 /못할 미	일찍 증 /더할증	다 실
good fortune /blessing	give	peaceful	say about	only	rise	teach	not	previous	all
fú	shòu	níng	wèi	dàn	xìng	jiāo	wèi	céng	xī
フク	ジュ	ネイ	イ	タン	コウ	キョウ	ミ	ソウ	シツ

謂但興教: 다만 종교를 일으키라고 이르다.

未曾悉惟: 일찍이는 다 생각지 못했다.

壽福康寧: 수명이 길고 복이 많고 건강하고 편안한 삶.

일체의 현상계는
꿈이요, 허깨비요,
물거품이요, 그림자요,
이슬 같고, 번갯불 같은 것이니
마땅히 이와 같이 볼지니라."

-금강경-

yu	po	si	gong	sa	yok	chwi	ui	yong	beom
惟	布	施	功	捨	欲	取	義	用	凡
생각 유	펄/베풀 포	베풀 시	공 공	버릴 사	하고자할 욕	취할 취	옳을 의	쓸 용	무릇 범
only /consider	cloth /spread	give /perform	merits	throwaway	desire	take	right	use	common /general
wéi	bù	shī	gōng	shě	yù	qǔ	yì	yòng	fán
イ	フ	シ	コウ	シヤ	ヨク	シュ	ギ	ヨウ	ハン

布施喜捨: 기쁜 마음으로 나누어 줌(나눔의 공덕). 보시에는 재물 보시, 진리를 가르쳐 주는 법 보시, 노력으로 도와주는 보시, 두려움 없이 바램도 없이 하는 무외시(無畏施)가 있다.

欲取義用: 가져가서 의롭게 쓰고자 함.

• 성내지 않는 사람에 대해 성냄으로써 대하지 말라. 맑고 깨끗한 바른 선비는 온갖 번뇌의 결박을 떠났거니 만일 그에게 나쁜 마음 일으키면 그 마음이 발심자(發心者)에게 돌아오니 마치 바람을 거슬러 티끌 날리면 돌아와 제 몸을 덮는 것과 같네.

-축경-

bu	mak	cha	byeol	sa	jeon	wang	rae	won	ryu
夫	莫	差	別	斯	前	往	來	洹	流
지아비 부 /대저 부	없을 막 /저물 막	다를 차 /나을 차	나눌 별 /다를 별	이 사	앞 전	향할 왕 /갈 왕	올 래	강이름 원	흐를 류
husband	not /grow dark	differ from	other part	this	front	go	come	name of a river	flow /stream
fū	mò	chā	bié	sī	qián	wǎng	lái	huán	liú
フ	バク	サ	ベツ	シ	ゼン	オウ	ライ	ウォン	リュウ

凡夫莫差別: 범부를 차별 말라. 특별인과 평범인의 차별을 말라.

斯前往來: 이전에 왕래했다.

洹流出: 저 강물이 흘러 넘치다.

• 용감한 사람은 대중의 칭송을 구하지 아니하며, 무력으로 압도를 당하더라도 자기의 명분(名分)을 버리지 않는다. 비록 실패하더라도 부끄러워하지 않으며 자기의 최선을 다할 뿐이다. 힘은 야수의 것이지만 명예는 인간의 것이다.

-드라이든 「팔라몬과 아르카이트」-

chul	pi	cha	tap	myo	ui	jeon	che	ru	u
出	彼	此	塔	廟	儀	典	涕	淚	又
出	彼	此	塔	廟	儀	典	涕	淚	又
날 출	저 피	이 차	탑 탑	사당 묘	법 의 /거동 의	법 전	눈물 체	눈물 루	또 우
come out	that	this	tower	shrine	rule /manner	law /code	tears	tears	again /and
chū	bǐ	cǐ	tǎ	miào	yí	diǎn	tì	lèi	yòu
シュツ	ヒ	シ	トウ	ビョウ	ギ	テン	テイ	ルイ	ユウ

彼此 : 이것과 저것. 상대와 나.

塔廟儀典 : 탑전 또는 사당에 올리는 의식.

涕淚又泣 : 눈물을 흘리고 울다.

유리하다고 교만하지 말고
불리하다고 비굴하지 말라.
무엇을 들었다고 쉽게 행동하지 말고
그것이 사실인지 깊이 생각하여
이치가 명확할 때 과감히 행동하라.
벙어리처럼 침묵하고 임금처럼 말하며
눈처럼 냉정하며 불처럼 뜨거워라.

-잡보장경-

eup	oe	gwa	geo	in	yok	hal	jeol	chh	jeol
泣	畏	過	去	忍	辱	割	截	體	節
泣	畏	過	去	忍	辱	割	截	體	節
울 읍	두려워할 외	지날 과 /허물 과	갈거 /덜거	참을 인	욕되게할 욕	나눌 할	끊을 절	몸 체	마디 절 /절기 절
weep	fear	pass by /excess	go away	bear	disgrace	devide	cut off	body	joint
qì	wèi	guò	qù	rěn	rǔ	gē	jié	tǐ	jié
キュウ	イ	カ	キョ	ニン	ジョク	カツ	セツ	テイ	セツ

過去忍辱: 과거에 참고 견디었다.

割截體節: 몸을 마디마디 끊어 놓다.

* * * * * * * * * * * * * * * * * * * *

태산 같은 자부심을 갖고
누운 풀처럼 자기를 낮추어라.
역경을 참아 이겨내고
형편이 잘 풀릴 때를 조심하라.

재물을 오물처럼 볼 줄도 알고
터지는 분노를 잘 다스려라.
때로는 마음껏 풍류를 즐기고
사슴처럼 두려워할 줄 알고
호랑이처럼 무섭고 사나워라.
이것이 지혜로운 이의 삶이니라.

-잡보장경-

seon	ga	jae	yeok	gwang	ik	han	am	am	wi
仙	歌	哉	逆	狂	益	恨	闇	暗	圍
신선 선	노래 가	어조사 재	거스를 역	미칠 광	더할 익	한할 한	닫힌문 암	어두울 암	둘레 위
fairy /hermit	song	oh! /particle	disobey	mad	increase	deplore	dark	dark	surround
xiān	gē	zāi	nì	kuáng	yì	hèn	àn	àn	wéi
セン	カ	サイ	ギャク	キョウ	エキ	コン	アン	アン	イ

仙歌哉: 신선의 노래로다.

逆狂益恨: 미쳐서 순리를 역행하니 한이 더해 간다.

闇暗圍繞: 어둠으로 둘러싸였다.

＊＊＊＊＊＊＊＊＊＊＊＊＊＊＊＊＊＊＊

• 덕을 베풀면서 과보를 바라지 말라. 과보를 바라면 도모하는 뜻을 가지게 되나니라. 그래서 성인이 말씀하시되 덕 베푸는 것으로서 헌신처럼 버리라 하셨나니라.

• 이익을 분에 넘치게 바라지 말라. 이익이 분에 넘치면 어리석은 마음이 생기나니라. 적은 이익으로써 부자가 되라 하셨나니라.

• 억울함을 당하여 밝히려 하지 말라. 억울함을 밝히면 원망하는 마음을 돕게 되나니, 억울함 당하는 것으로 수행의 문을 삼으라 하셨나니라.

-보왕삼매론-

yo	bi	hwa	mal	cheon	seo	sa	chik/jeuk	yo	chi
繞	非	華	末	賤	書	寫	則	要	値
繞	非	華	末	賤	書	寫	則	要	値
두를 요	아닐 비	꽃필 화 /빛 화	끝 말	천할 천	쓸 서	베낄 사	법칙 칙 /곧 즉	구할 요	값 치
put around	not	bloom /brilliant	end	mean	write /book	copy	rule /law	important /demand	value
rào	fēi	huá	mò	jiàn	shū	xiě	zé	yào	zhí
ジョウ	ヒ	カ	マツ	セン	ショ	シャ	ソク	ヨウ	チ

mul/mol	ui	gye	san	gi	seung	seon	sa	ui	ran
勿	疑	計	算	記	承	先	思	議	亂
말 물 /털 물	의심할 의	셀 계 /꾀할 계	셀 산	기록할 기	받들 승 /이을 승	앞설 선 /먼저 선	생각 사	의논할 의	어지러울 란
not /rub off	doubt	count	count	record	inherit	first /former	think	discuss	disorder /confuse
wù	yí	jì	suàn	jì	chéng	xiān	sī	yì	luàn
ブツ	ギ	ケイ	サン	キ	ショウ	セン	シ	ギ	ラン

ho	ri	sa	ha	dam	hok	bang	gu	bi	ja
狐	理	事	荷	擔	或	謗	具	備	資
狐	理	事	荷	擔	或	謗	具	備	資
여우 호	이치 리	일 사 /섬길 사	짐 하 /멜 하	멜 담	혹 혹	헐뜯을 방	갖출 구	갖출 비	재물 자 /바탕 자
fox	principle	work /serve	load /lotus	bear	perhaps	defame	prepare /possess	prepare /get ready	property /basis
hú	lǐ	shì	hé	dān	huò	bàng	jù	bèi	zī
コ	リ	ジ	カ	タン	ワク	ボウ	ク	ビ	シ

理事: 단체나 법인에 전체를 대표하여 일을 처리하는 사람. 도리는 리(理), 현상의 사(事). 진(眞)과는 속(俗)으로 구분한다. 진리와 현실.

荷擔: 짐을 지다. 떠메다.

或謗: 혹시 비방함.

具備資財: 자재를 잘 갖추었다.

청산은 나를 보고 말없이 살라 하고
창공은 나를 보고 티없이 살라 하네
성냄도 벗어놓고 탐욕도 벗어놓고
물같이 바람같이 살다가 가라 하네.
-고려 나옹화상-

jae	jeon	gi	po	yeong	cha	jang	eon	u	pa
財	電	氣	泡	影	次	長	言	優	婆
財	電	氣	泡	影	次	長	言	優	婆
재물 재	번개 전	기운 기	거품 포	그림자 영	버금 차	어른 장 /긴 장	말씀 언	넉넉할 우	할미 파
wealth	lightening	air/spirit /ether	bubble	shadow	next	long	talk /words	ample /excellent	old woman
cái	diàn	qì	pào	yǐng	cì	cháng	yán	yōu	pó
ザイ	デン	キ	ホウ	エイ	シ	チョウ	ゲン	ユウ	バ

電氣: 전력(에너지). 흘러나오는 기운.

泡影: 거품과 그림자. 실체가 없음.

次長老: 장로는 나이 많고 덕이 높은 사람.
　　　　　다음 장로는 부처님 제자 중에 타의
　　　　　모범이 되는 사람.

長言: 어른의 말씀.

남을 존경하고 스스로를 낮추며
현실에 만족할 줄 알고 은혜를 생각하며
때때로 불교 법문을 듣는다면
이것이 인간 최고의 행복이다.

-대길상경-

saek/sae	i	pan	gyeol	bu/bi	yeon	yeon	tong	gan	gwa
塞	夷	判	決	否	然	燃	通	干	戈
塞	夷	判	決	否	然	燃	通	干	戈
막힐 색/변방 새	오랑캐 이	판단할 판	정할 결/끊을 결	아니 부/막힐 비	그러할 연	사를 연	통할 통	방패 간	창 과
fort/block	barbarian	judge/devide	decide/break	not/deny	so/but	burn	pass/through	shield	spear
sāi	yí	pàn	jué	fǒu	rán	rán	tōng	gān	gē
サイ	イ	ハン	ケツ	ヒ	ゼン	ネン	ツウ	カン	カ

優婆塞・夷: 불교에서 우바새는 남자신도, 우바이는 여자신도.

判決: 판단하여 결정함.

否然: 그렇지 않은가?

干戈: 방패와 창(전쟁을 뜻함).

작은 소유와 현실에 만족함이
최고 부자(富者)요.
자신을 이기고 잘 다스리는 자가
가장 강(强)한 사람이요
이 세상 만물이 스승임을 알고
배우는 자가 가장 지혜로운 사람이다.

chwi	dong	ro	yeon	pae	yeop/seop	ji	jeo/je	bul	sun
吹	動	露	演	貝	葉	池	底	弗	純
吹	動	露	演	貝	葉	池	底	弗	純
바람 취 /불 취	움직일 동	이슬 로 /그러날 로	펼 연 /흐를 연	조개 패	잎 엽 /성 섭	못 지	밑 저 /밑 제	아니 불	순수할 순
blow	move	dew	extend	shell	leaf	pond	bottom	not	pure
chuī	dòng	lù	yǎn	bèi	yè	chí	dǐ	fú	chún
スイ	ドウ	ロ	エン	バイ	ヨウ	チ	テイ	フツ	ジュン

吹動: 불어 움직이다.

露演: 드러내어 펼치다.

貝葉: 초기 불경을 조개나 나뭇잎에 썼으므로 패엽경이라고도 부른다.

池底: 못의 밑바닥.

＊＊＊＊＊＊＊＊＊＊＊＊＊＊＊＊

부처님을 어째서 '아미타불' 이라 부르는지 아는가? 그 부처님이 광명이 한량없어 시방세계를 두루 비추어도 조금도 걸림이 없기 때문이다. 또 그 부처님의 수명과 그 나라 인민의 수명이 한량없고 끝이 없는 아승지겁으로 아미타불이라 한다.

-아미타경-

※ 아미타불(阿彌陀佛, Amitabha, Amitāyus): 무량수불(無量壽佛) 또는 무량광불(無量光佛)이라고 함. 영원한 생명이라는 시간적 의미와 무한한 빛이라는 공간적 의미로 해석될 수 있음. 즉 시간과 공간을 초월하여 중생을 구제하는 무연대비(無緣大悲 : 조건없는 사랑)의 결정체. 서방 극락세계에 계시며 그의 본원력(本願力)으로 사바의 중생들을 불국토로 이끌어 제도하시는 부처님.

eun	ro	ran	sun	won	dan	ju	ya	man	geo/cha
銀	盧	欄	楯	元	旦	晝	夜	曼	車
銀	盧	欄	楯	元	旦	晝	夜	曼	車
은 은	검을로 /그릇 로	난간 란	방패 순 /난간 순	으뜸 원	아침 단	낮 주	밤 야	길 만 /멀 만	수레 거 /수레 차
silver	bowl	rail	shield /handrail	first/root /principle	morning	day	night	long/far	cart/car
yín	lú	lán	shǔn	yuán	dàn	zhòu	yè	màn	chē
ギン	ロ	ラン	ジュン	ゲン	タン	チュウ	ヤ	マン	キョ

弗純銀盧: 순은그릇이 못됨.

欄楯: 난간.

元旦晝夜: 새해 첫날. 낮과 밤과 아침.

曼車: 아름다운 수레.

＊＊＊＊＊＊＊＊＊＊＊＊＊＊＊＊＊＊＊

48대원(大願): 법장비구가 세운 중생구제의 48가지 서원. 이 서원의 힘에 의해 극락세계가 조성되었으며 사바의 중생들이 죽을 때 한번만 아미타불의 명호(名號)를 외워도 극락에 태어날 수 있음.

한결같은 마음으로 아미타불의 이름을 외우되 조금도 마음이 흐트러지지 않으면, 그가 임종할때에 아미타불이 여러 거룩한 분들과 함께 그 사람 앞에 나타날 것이다. 그가 목숨을 마칠 때에 생각이 뒤바뀌지 않으면 아미타불의 극락세계에 왕생하게 될 것이다.
-아미타경-

※ 법장비구(法藏比丘, Dharmakara): 아미타불이 과거 세자재왕불(世自在王佛) 아래에서 수행하던 시절의 이름. '진리의 근원' '진리의 광맥' '진리의 축적' 이란 뜻.

ygak	ji	ryeon	geuk	rak/yo	aeng	mu	jak	jo	hak
各	知	連	極	樂	鸚	鵡	雀	鳥	鶴
各	知	連	極	樂	鸚	鵡	雀	鳥	鶴
각각 각	알 지	이어질 련	다할 극	즐길 락 / 좋아할 요	앵무새 앵	앵무새 무	참새 작	새 조	학 학
each	know	connect	utmost	enjoy /music/like	parrot	parrot	sparrow	bird	crane
gè	zhī	lián	jí	lè	yīng	wǔ	què	niǎo	hè
カク	チ	レン	キョク	ラク	オウ	ブ	ジャク	チョウ	カク

• 대왕이시여, 왕 중의 왕을 전륜왕(轉輪王)이
라 합니다. 이 법왕의 통치는 칼과 뭉둥이도
없고 원망도 없습니다. 법에 의지하여 덕을
펴고 백성을 편안하게 하므로 모든 악으로
부터 항복을 받습니다.

　　　　　　　　　　　　-대살차니건자소설경-

• 착한 일은 작다 해서 아니하지 말고, 악한
일은 작다해도 하지 말라.　　　-명심보감-

reung	ji	hwa	chang	jip	rim	jeo	hon/gon	tak	bu/bok
陵	祗	和	暢	執	臨	沮	渾	濁	覆
陵	祗	和	暢	執	臨	沮	渾	濁	覆
큰언덕 릉	공경할 지	온화할 화	화창할 창	잡을 집	임할 림	막을 저	흐릴 혼	흐릴 탁	덮을부 /뒤집힐 복
hill	respect	peaceful	bright	catch	attend	block	turbid	muddy	cover /overturn
líng	zhī	hé	chàng	zhí	lín	jǔ	hún	zhuó	fù
リョウ	ギ	ワ	チョウ	シュウ	リン	ソ	コン	ダク	フク

和暢: 날씨나 또는 마음이 온화하고 맑음.

臨沮: 다달아서 막아내다.

渾濁: 모두 탁하다. 흐리고 탁하다.

그때 부처님께서 장로 사리불에게 말씀하셨다. "여기에서 서쪽으로 십만억 불국토를 지나간 곳에 '극락' 이라고 하는 세계가 있다. 거기에 아미타불이 계시어 지금도 법을 설하신다. 저 세계를 어째서 극락이라 하는 줄 아는가? 거기 에 있는 중생들은 **아무 괴로움도 없이 즐거운 일만 있으므로 극락이라 하는 것이다.**"

-아미타경-

jap	chang	bo	gye	tan	san	po	yuk	u	ryeon
匝	唱	補	階	歎	產	哺	育	憂	憐
둘레 잡	노래 창	기울 보	계단 계 /층계 계	탄식할 탄	낳을 산	먹을 포	기를 육	근심할 우	불쌍히 여길 련
girth/ go around	sing	lean /repair	stair	sigh	bear	eat/feed	bring up	anxiety	pity
zā	chàng	bǔ	jiē	tàn	chǎn	bǔ	yù	yōu	lián
ソウ	ショウ	ホ	カイ	タン	サン	ホ	イク	ユウ	レン

匝唱: 돌면서 노래 부르다.

產哺育憂憐愍: 낳아 먹여 기르고 근심하고 가엾게 여기고 사랑하다.

＊＊＊＊＊＊＊＊＊＊＊＊＊＊＊＊＊＊＊

• 술은 비와 같다. 즉 진흙에 내리면 진흙은 더욱 더럽게 되나, 옥토에 내리면 아름답게 하고 꽃피게 한다.

-J.헤이 「대구집(對句集)」-

• 술을 적당히 마실 수 있는 자는 마시고, 적당히 조절할 수 없는 자는 마시지 말라.

석가모니 부처님이 어렵고 희유한 일을 하셨다. 시대가 흐리고, 견해가 흐리고, 번뇌가 흐리고, 중생이 흐리고, 생명이 흐린 사바세계의 오탁악세(五濁惡世)에서 바른 깨달음을 얻고 중생을 위해 세상에서 믿기 어려운 법을 설한다고 하신다.

-아미타경-

min	hoe	su	gyeong	kwae	in/yeol/yeon	tak	ye	toe	gol
愍	懷	守	輕	快	咽	濯	詣	堆	骨
愍	懷	守	輕	快	咽	濯	詣	堆	骨
불쌍할 민	품을 회	지킬 수	가벼울 경	쾌할 쾌	목구멍 인/목멜 열/삼킬 연	씻을 탁	이를 예	쌓을 퇴	뼈 골
pity	cherish	keep	light	delightful	throat/be choked/swallow	wash	reach	pile up/heap	bone
mǐn	huái	shǒu	qīng	kuài	yàn	zhuó	yì	duī	gú
ビン	カイ	シュ	ケイ	カイ	エン	タク	ケイ	タイ	コツ

懷守: 품어 지키다.

輕快咽: 목이 상쾌하다.

詣堆骨: 뼈 무더기에 이르러서.

세존께서 세 곳에서 마음을 전한 것은
곧 선지(禪旨)가 되고, 한평생 말씀하신 것은
교문(敎門)이 되었다.
그러므로 선(禪)은
부처님의 마음이고,
교(敎)는 부처님의 말씀이다.
교문에는 한마음 법을 전하고
선문에는 견성하는 법을 전한다.

-선가귀감-

su	ru	ong	ya	yang	sam	dae	hwa	mo	jang
雖	累	翁	爺	孃	衫	帶	靴	帽	裝
비록 수	묶을 루	늙은이 옹	아비 야	아가씨 양	적삼 삼	띠 대	신 화	모자 모	꾸밀 장
even of /hough	tie up	old man	father	miss	unlined summer jacket	belt	shoes	hat	decorate
suī	lèi	wēng	yé	niáng	shān	dài	xuē	mào	zhuāng
スイ	ルイ	オウ	ヤ	ジョウ	サン	タイ	カ	ボウ	ソウ

雖累: 비록 묶여 있지마는.

翁爺孃: 늙은 아버지와 딸.

衫帶靴帽裝: 적삼, 띠, 신, 모자를 입어서 잘 꾸미다.

모든사람 가슴속에 부처성품 함께하니
모든중생 본래부처 부처님이 인가했네
삼일동안 닦은마음 천년만년 보배되고
한평생을 모은재산 눈떠보면 거품일세

-현장 「그리움의 노래」-

jeok	ju	yeon	ji	gang	ryo	in	nong	do	gae
赤	硃	臙	脂	講	了	認	濃	塗	箇
붉을 적	주사 주	목구멍 연 /연지 연	기름 지 /연지 지	강의할 강 /익힐 강	마칠 료	알 인	짙을 농	진흙 도 /바를 도	낱 개
red	cinnabar	throat /rouge	fat /rouge	lecture /practice	finish	recognize	thick	mud /smear	piece
chì	zhū	yān	zhī	jiǎng	le	rèn	nóng	tú	gè
セキ	シュ	エン	シ	コウ	リョウ	ニン	ノウ	ト	コ / カ

赤硃臙脂: 붉디 붉은 연지(볼 화장품).

講了認: 강의하여 알도록 하다.

濃塗: 짙게 바르다.

＊＊＊＊＊＊＊＊＊＊＊＊＊＊＊＊＊＊＊

부모님의 열 가지 은혜

첫째, 태에 실어 보호하는 은혜.
둘째, 해산할 때 고통받은 은혜.
셋째, 아기 낳고 근심을 잊은 은혜.
넷째, 쓴것 삼키고 단것 받아 먹여준 은혜.
다섯째, 마른자리 아기 뉘고 젖은데로 눕는 은혜.
여섯째, 젖 먹여 양육하신 은혜.
일곱째, 똥 오줌 가려주신 은혜.
여덟째, 먼길 가면 걱정하는 은혜.
아홉째, 자식 위해 애쓰는 은혜.
열 번째, 끝까지 사랑하시는 은혜

-부모은중경-

yu	ja	ah	hae	su	ya	gok	tong	eung	hyeol
喩	恣	兒	孩	垂	也	斛	痛	凝	血
喩	恣	兒	孩	垂	也	斛	痛	凝	血
깨우칠 유 /비유할 유	방자할 자	아이 아	어린아이 해	드리울 수	어조사 야	휘 곡	아플 통	엉길 응	피 혈
realize	arrogant	child /weak	baby child	hang down	also	measure	pain	congeal	blood
yù	zì	ér	hái	chuí	yě	hú	tòng	níng	xiě
ユ	シ	ジ	ガイ	スイ	ヤ	コク	ツウ	ギョウ	ケツ

箇黌: 사항을 낱낱이.

恣兒孩垂也: 아이에게 맡겨 주는 구나!

斛痛: 아픔을 헤아리다. 통증을 느끼다.

凝血: 피가 엉키다.

• 민주주의에 두 가지 갈채를 보낸다.
하나는 다양성을 용인하기 때문이요,
또하나는 비판을 허락하기 때문이다.

-F.M. 포스터-

heup	sa	bo	jo	mo	so	cho/so	jeong	mi	bak
恰	似	保	朝	暮	蘇	稍	精	米	撲
恰	似	保	朝	暮	蘇	稍	精	米	撲
마치 흡	같을 사	보전할 보 / 보호할 보	아침 조	저물 모	소생할 소	점점 초 / 점점 소	정할 정 정미할 정	쌀 미	칠 박
alike	resemble /same	preserve /keep	morning	grow dark	revive	gradually	clean /pound	rice	hit
qià	sì	bǎo	cháo	mù	sū	shāo	jīng	mǐ	pū
コウ	シ	ホ	チョウ	ボ	ソ	ソウ	セイ	ベイ	ボク

恰似: 마치 ~처럼. 흡사하다.

保朝暮: 아침 저녁으로 보살피다.

蘇稍: 벼줄기가 소생하다.

精米: 정백미의 준말. 벼를 찧어 쌀로 만듦.

신이나 영혼이나 동물보다 사람을 우선으로 하고 사람을 이롭게 하는 것이 부처님 법이다. 가장 인간답게 살고 그 길을 가르치신 분이 부처님이시다.
절대적 능력을 가진 신은 없으며 만물은 서로 연계적으로 존재하고 항상 변화하는 것이니 이것이 불변의 진리이다.

-덕진-

kkik	chan	eum	san	do	ri	gwa	gok	suk	sun
喫	餐	飮	蒜	桃	梨	菓	穀	熟	順
喫	餐	飮	蒜	桃	梨	菓	穀	熟	順
먹을 /마실 끽	먹을 찬	마실 음	마늘 산	복숭아나무 도	배나무 리	과일 과	곡식 곡	익을 숙	순할 순
eat /drink	eat	drink	garlic	peach	pear	fruit	grain	ripe	mild /fallow
chī	cān	yǐn	suàn	táo	lí	gǔ	shóu	shùn	shùn
キツ	サン	イン	サン	トウ	リ	カ	コク	ジュク	ジュン

부모의 깊은 은혜를 갚으려면
부모를 위하여 불경(佛經)을 써서 보시하고
부모를 위하여 불경을 읽고 외우며
부모를 위하여 죄를 참회하며
부모를 위하여 삼보에 공양하며
부모를 위하여 계법을 가지며
부모를 위하여 보시하여 복을 지을 것이니
만일 이렇게 하면 효도하는 아들 딸이라
할 것이니라.

-부모은중경-

bung	gyeong	hyeong	sik	gan	bok	gak	gyo	po	ban
崩	擎	形	式	肝	腹	脚	攪	胞	攀
무너질 붕	들 경	모양 형	법 식	간 간	배 복	다리 각	어지럽힐 교	태보 포	더위잡을반
collapse	lift	shape /form	rule /system	liver	belly	leg	disorder	cell /amnion	clutch /climb up
bēng	qíng	xíng	shì	gān	fù	jiǎo	jiǎo	bāo	pān
ホウ	ケイ	ケイ	シキ	カン	フク	キャク	カク	ホウ	ハン

• 중생의 정성을 따르고, 근기에 맞추어 구제하시기에 잠시도 쉴새 없고 중생의 괴로워하는 소리를 찾아 괴로움 구제하시기에 일찍이 쉬신 때가 없사옵니다. 아공(我空)과 법공(法空)과 구공(俱空)을 관하여 정(定)에 들고, 사물의 본성이 공함을 관조(觀照)함까지도 공하여 마음은 자·비·희·사(慈悲喜捨)의 사무량심에 머물러 평등하시옵니다.

yu	je	chan	yu	ak	hyeong	je	gwae	gyeong	tam
猶	第	贊	逾	岳	刑	災	掛	鏡	耽
猶	第	贊	逾	岳	刑	災	掛	鏡	耽
원숭이유/오히려 유	차례 제	기릴 찬/찬성할 찬	넘을 유	큰산 악	형벌 형	재앙 재	걸 괘	거울 경	즐길 탐
monkey/rather	order	help/approve	pass over	great mountain	punishment	disaster	hang	mirror	indulge
yóu	dì	zàn	yú	yuè	xíng	zāi	guà	jìng	dān
ユウ	ダイ	サン	ユ	ガク	ケイ	サイ	カイ	キョウ	タン

猶第贊: 마땅히 차례대로 모으다.

逾岳: 산을 넘어.

刑災: 형벌과 재앙. 형사적 죄를 범한 사고.

掛鏡耽託: 거울을 걸고 즐거워하라고 부탁함.

＊＊＊＊＊＊＊＊＊＊＊＊＊＊＊＊＊＊

• 모든 법계의 사생과 육도 중생들이 수많은 겁동안 거듭 나면서 어리석어 지은 죄업을 없애주소서. 또 저희들이 지금 참회하오며 머리를 조아리고 예배하오니, 모든 죄의 업장이 다 없어지고, 세세생생에 항상 보살도를 행하게 하여지이다.

• 조금만 즐거움을 버리고 커다란 즐거움을 얻으려 한다면 깨침의 큰 즐거움을 위해 작은 즐거움을 버려라.

-법구경-

tak	chim/sim	hon	chim	hwang	pye	ham	hyung	geum	mun/min
託	沈	惽	寢	惶	廢	含	胸	襟	悶
託	沈	惽	寢	惶	廢	含	胸	襟	悶
부탁할 탁	잠길 침 / 성씨 심	어리석을 혼	잠잘 침	두려워할 황	폐할 폐	머금을 함	가슴 흉	옷깃 금	번민할 문 / 민
entrust	sink	dim	sleep	fear	abandon /waste	contain	breast	lapel /collar	agonize
tuō	shěn	hūn	qǐn	huáng	fèi	hán	xiōng	jīn	mèn
タク	チン	コン	シン	コウ	ハイ	ガン	キョウ	キン	モン

沈惽寢: 깊은 잠에 빠지다. 아무것도 모르고 깊이 잠자다.

惶廢: 당황하여 부서버리다.

※ 荒廢: 버려서 못쓰게 됨.

含胸襟悶: 번민과 근심을 가슴에 품다.

• 어버이에게 의식을 제공함은 하품의 효양(孝養)이요, 어버이의 마음을 기쁘게 하면 중품의 효양이며, 부모님의 공덕을 여러 부처님께 회향함을 상품의 효양이라 한다.　　　-아함경-

• 천장(千章)을 왼들 뜻을 모르면 무슨 이익이 있으리. 경을 많이 왼다 해도 뜻을 모르면 무슨 소용이 있으리. 한 뜻이라도 듣고 행하여 제도됨만 같지 못하다. 한 글귀를 알더라도 행하면 도를 얻는다.　　　-법구비유경-

su	jeol	in	do	yang	jang	chung	mi	geom	chong
愁	絕	刃	屠	羊	臟	充	眉	瞼	寵
愁	絕	刃	屠	羊	臟	充	眉	瞼	寵
근심 수 /시름 수	끊을 절	칼날 인	잡을 도	양 양	오장 장	채울 충	눈썹 미	눈꺼풀 검	사랑할 총 /괼 총
grieve	cut off	blade	slaughter /butcher	sheep	entrails	fill /be full	eyebrow	eyelid	favour
chóu	jué	rèn	tú	yáng	zàng	chōng	méi	jiǎn	chǒng
シュウ	ゼツ	ジン	ト	ヨウ	ゾウ	ジョウ	ビ	ケン	チョウ

絕刃: 칼날로 끊다.

屠羊: 양을 잡다(죽이다).

臟: 심(心)·신(腎)·간(肝)·폐(肺)·비(脾).

充眉瞼寵弄: 눈썹과 볼에 사랑스런 재롱이 가득하다.

* * * * * * * * * * * * * * *

• '효순자는 효순자를 낳고 오역자는 오역자를 낳는다'는 말이 있다. 지극한 정성을 기울여 부모님 마음을 편안히 하는 일을 모든 일의 순위에서 첫째로 생각한다면 효행을 제대로 하리라.

-덕진-

• 무릇 죽음이란 형상이 무너지되 정신만은 없어지지 아니하니, 그러므로 성인은 몸을 환란으로 여기는데 어리석은 자들은 보배로 여겨서 죽음에 이르기까지 싫어함이 없구나.

-불설보요경-

rong	chwi	ryeon	pung	jae	bae	mo	yong	an	gae
弄	翠	蓮	豊	載	配	貌	容	顔	改
희롱할 롱	물총새 취 / 비취색 취	연꽃 련 / 연밥 련	풍년 풍	실을 재	짝배 / 안배할 배	모양 모 / 얼굴 모	얼굴 용	얼굴 안	고칠 개
mock	kingfisher	lotus	abundant	load	couple /devide	shape	face /countenanace	face	improve /reform
nòng	cuì	lián	lǐ	zài	pèi	mào	róng	yán	gǎi
ロウ	スイ	レン	ホウ	サイ	ハイ	ボウ	ヨウ	ガン	カイ

翠蓮豊載: 푸른 연꽃 풍성히 싣다.

配貌: 아내의 얼굴 모양.

容顔: 얼굴.

부부가 힘써야 할 일

① 화합에 힘쓸 일이요
② 신의를 지킬 일이요
③ 근검에 힘쓸 일이요
④ 신앙을 굳게 가질 일이요
⑤ 공부를 놓지 말 일이요
⑥ 인륜을 존중할 일이요
⑦ 은혜를 갚고자 힘쓸 일이요
⑧ 공익에 최선을 다할 일이다.

gwan	wa	yu	heol	dap	chuk	jeo	tan	yeol	san
關	臥	臾	歇	踏	逐	猪	憚	熱	酸
빗장 관	누울 와	잠깐 유	쉴 헐	밟을 답	쫓을 축	돼지 저	꺼릴 탄	더울 열	초 산
connect	lie down	moment	rest	tread	expel	pig	avoid	hot	acid/sour
guān	wò	yú	xiē	tà	zhú	zhū	dàn	rè	suān
カン	ガ	ユ	ケツ	トウ	チク	チョ	タン	ネツ	サン

改關臥臾歇: 중요한 문을 고치고 잠깐 누워 쉬다. 즉 관문을 개정하고 잠간 편히 쉬다.

踏逐猪: 돼지를 쫓아가서 밟다.

憚熱酸: 뜨거운 것과 신 것(식초)을 싫어하다.

五種大恩銘心不忘: 명심하여 잊지 못할 다섯 가지 은혜

① 나라를 편케 하여 잘살게 한 국왕 은혜
② 낳고 기른 노고 속에 하늘 같은 부모 은혜
③ 바른 법 지도하신 높고 귀한 스승 은혜
④ 의식주의 어려움을 돌봐주는 시주 은혜
⑤ 갈고 닦고 이끌어서 성공케 한 친구 은혜
이 은혜를 갚기 위해 염불발원하옵니다.

-장엄염불-

ga	chwi/chu	gan	geun	ryo	yu	chin	byeong	jong	gwan
嫁	娶	艱	懃	療	愈	親	病	終	官
嫁	娶	艱	懃	療	愈	親	病	終	官
시집갈 가	장가들 취	어려울 간	은근할 근 / 살뜰할 근	병고칠 료	나을 유	친할 친	병들 병	마칠 종 / 끝날 종	벼슬 관 / 마을 관
marry	take a wife /marry	hard	polite	cure /heal	preferable	intimate /familiar	illness /disease	end	official rank
jià	qǔ	jiān	qín	liáo	yù	qīn	bìng	zhōng	guān
カ	シュ	カン	キン	リョウ	ユ	シン	ビョウ	シュウ	カン

高聲念佛十種功德

: 큰소리로 염불하는 열 가지 공덕

① 졸음쫓아 정신나고 ② 마귀놀라 도망가고

③ 시방중생 두루듣고 ④ 삼악도는 휴식언고

⑤ 잡된소리 물리치고 ⑥ 염불마음 통일되고

⑦ 용맹정진 이뤄지고 ⑧ 모든부처 기뻐하고

⑨ 삼매경지 나타나고 ⑩ 극락정토 왕생하네.

ryeo	dae	yo	jeong	suk	baek	mae	hwe	ta	joon
戾	對	拗	睛	叔	伯	罵	毀	打	遵
어그러질 려	대답할 대	비뚤 요 /꺽을 요	눈동자 정	아재비 숙	맏 백	욕할 매	헐 훼	칠 타	좇을 준
perverse	reply	twist /break off	pupil	uncle	head /chief	abuse	destroy	strike /beat	follow
lì	duì	ǎo	jīng	shú	bó	mà	huǐ	dǎ	zūn
レイ	タイ	オウ	セイ	シュク	ハク	バ	キ	ダ	ジュン

순리적 과정은 원만한 결과

사람이 일하는 데 대가가 얼마나 될까, 결과가 어떻게 될까를 생각하게 됩니다. 그리고 어떤 목적과 목표를 정하고 노력하는 것은 당연한 것입니다. 그러나 결과를 너무 조급히 기다리거나 결과와 결실에 너무 집착하고 얽매이고 있습니다. 원인에 따라 결과가 온다는 것은 자명한 인과 법칙이요, "이것이 있으면 저것이 있고 이것이 일어나면 저것이 일어난다"라고 잡아함경에 설해진 부처님의 인연법 말씀도 있듯이 많은 사람이 공존하는 속에서도 내가 지은 만큼 돌아오게 되어 있다는 것을 일깨워 줍니다. 우리 조상들은 이러한 철학과 신앙으로 정성껏 씨 뿌리고 부지런히 가꾸면 좋은 결실을 얻을 수 있으리라 믿고 농사를 지었습니다.

-덕진-

beom	go	so	cheon/seon	gwan	hun	beol	cha	wi	pyeong
範	高	疎	擅	貫	訓	罰	遮	違	平
範	高	疎	擅	貫	訓	罰	遮	違	平
법 범	높을 고	성길 소	멋대로 천	꿸 관	가르칠 훈	형벌 벌 /벌 벌	가릴 차	어길 위	평평할 평
law /pattern	high	sparse	decide /arbitrarily	pierce	instruct	punishment	intercept	violate	flatten
fàn	gāo	shū	shàn	guàn	xùn	fá	zhē	wéi	píng
ハン	コウ	ソ	セン	カン	クン	ベツ	シャ	イ	ヘイ

遵範: 법을 준수하다. 항상 하는 대로 따라서.

高疎: 높게 트이다.

擅貫: 제멋대로 통과하다. 멋대로 옷을 입다.

訓罰遮違: 가르치고 벌주며 그릇됨을 막다.

* * * * * * * * * * * * * * * * * * *

육화합(六和合)으로 밝은 사회 구현하자

身和同住: 몸으로 화합하여 자신을 낮추고 남의 인격을 존중하여 같이 머문다.

口和無爭: 가는 말씨 오는 말씨가 인정으로 얽혀 다툴 일이 없다.

意和無違: 내 고집을 버리고 남의 의견을 존중하여 어김이 없다.

見和同解: 진리의 바른 견해로 남과 같이 이해한다.

戒和同遵: 도의 계율 바른길을 같이 따른다(질서).

利和同均: 이익을 다같이 고르게 복지를 균등히 한다.

※ 육화(六和)는 스님단체(僧伽)를 구성하는 기본 요건으로서 복지사회 건설의 원칙이 됨을 말한다.

chak	hyang	seup	bung	yu	do	gyeong	bu	chong	mo
着	鄉	習	朋	誘	逃	驚	附	總	謀
着	鄉	習	朋	誘	逃	驚	附	總	謀
붙일 착 /나타날 저	시골 향	익힐 습	벗 붕	꾈 유 /달랠 유	달아날 도	놀랄 경	붙을 부	거느릴 총	꾀할 모
attach	country	practice /study	friend	tempt	escape	be surprised /be shocked	stick	all command	plot /plan
zhù	xiāng	xí	péng	yòu	táo	cuàn	fù	zǒng	móu
チャク	キョウ	シュウ	ホウ	ユウ	トウ	キョウ	フ	ソウ	ボウ

着鄉習: 시골에서 익힌 습관이 붙어 있음.

附總: 모두 붙었다.

謀: 모의할 모, 꾀 모.

* * * * * * * * * * * * * * * * *

十小十多: 건강하게 사는 지혜 열 가지

小食多動: 식사는 적게, 몸의 움직임은 많이.

小煙多眠: 담배는 적게, 잠은 충분히.

小肉多菜: 고기는 적게, 채소는 많이.

小鹽多醋: 소금은 적게, 식초는 많이.

小糖多果: 설탕은 적게, 과일은 많이.

小衣多浴: 옷은 얇게, 목욕은 자주.

小怒多笑: 화내지 말고, 많이 웃어라.

小車多步: 차는 적게 타고, 많이 걸어라.

小言多行: 말은 삼가고, 선행은 많이.

小慾多施: 욕심은 적게, 베풀기는 많이.

jeong	gi	im	gyeon	gu	wang	chaek	ga	swae/sa	wan
征	紀	荏	牽	鉤	枉	責	枷	鎖	頑
칠 정	벼리 기	들깨 임	끌 견	갈구리 구	굽을 왕	꾸짖을 책	도리깨 가	쇠사슬 쇄	완고할 완
conquer /go	guide/ropes /principle	perilla	draw	hook	crooked /bent	reproach /scold	flail	chain	obstinate /stubborn
zhēng	jì	rěn	qiān	gōu	wǎng	zé	jiā	suǒ	wán
セイ	キ	ジン	ケン	コウ	オウ	セキ	カ	サ	ガン

征紀: 근본을 정복하여 바로 하다.

牽鉤: 낚시바늘에 걸려서 끌려가다.

枉責枷鎖: 어긋남을 꾸짖고 큰칼을 씌우다.
　　　　　 죄인에게 큰칼을 채우는 형벌.

頑鬪患: 근심(재난)과 완고히 싸우다.

무지개의 정체는 한 방울의 물이요
하늘에서 내린 비는 땅에서 증발한 것을
개 눈에는 똥이 잘 보이고
부처님 눈에는 부처가 보이는 것을
나는 잘 알고 있다.

콩 심은 곳에 콩 나고
윗물이 맑으면 아랫물도 맑은 것을
마귀 눈에는 우상과 사탄이 보이고
보살의 눈에는 인과응보가 보이는 것을
나는 잘 알고 있다.

tu	hwan	soe/choe	goe	yeong	byeon	jeo	po	ga	gu
鬪	患	衰	乖	榮	變	樗	蒲	街	衢
鬪	患	衰	乖	榮	變	樗	蒲	街	衢
싸울 투	근심 환	쇠할 쇠 /상복 최	어그러질 괴	영화 영	변할 변	가죽나무 저	부들 포	거리 가	네거리 구
fight	anxiety	weaken	go badly /go against	glory	change	ailanthus	cattail	street	cross roads
dòu	huàn	shuāi	guāi	róng	biàn	shū	pú	jiē	qú
トウ	カン	スイ	カイ	エイ	ヘン	チョ	ホ	ガイ	ク

衰乖: 쇠약하여 어그러지다.

榮變: 영화로움이 변하다.

樗蒲: 나무토막으로 만든 주사위를 던지며 하는 도박.

街衢閭: 거리와 마을의 문.

악한 자는 근심이 많고
선한 자는 기쁨이 많은 것을
과학에 의하여 기우제가 없어지듯
이천년대 맹신의 종교는 스스로 자멸함을
나는 잘 알고 있다.

해가 길어지면 여름이요
수명이 길어지면 극락이라
해가 뜨면 어둠이 사라지듯이
과학은 맹신의 종교를 멸망시킴을
나는 잘 알고 있다.

ryeo	ham	won	roe	gwa	roe	wi	paeng	chang	ran
閭	咸	怨	賚	寡	賴	委	膨	脹	爛
마을 려	다 함	원망할 원	줄 뢰	적을 과	의뢰할 뢰	맡길 위	부풀 팽	배부를 창	문드러질 란
village	all	grudge	give	few	depend on	entrust	swell	satiate	crumble bright
lú	xián	yuàn	lài	guǎ	lài	wěi	péng	zhàng	làn
リョ	カン	エン	ライ	カ	ライ	イ	ボウ	チョウ	ラン

咸怨: 모두들 원망함.

賚寡: 주는 것이 적다.

賴委: 맡기는 데 힘입어.

膨脹: 부풀어 커지다.

＊＊＊＊＊＊＊＊＊＊＊＊＊＊＊＊＊

심판을 부르는 협박보다

해탈을 노래하는 화합과 우애와 자비를

발원하는 자가 법계 중생들에게

존경받는 자임을 나는 잘 알고 있다

생활과 신앙

지식을 많이 쌓고 학점을 높이어도

마음에 안정이 없으면 편안하지 못하고

뜻을 이루기 어렵다.

부처님을 믿고 지혜와 자비를 배워서

염불하고, 분수에 맞추면 안정과 평안이

깃들고 소망을 이룬다.

-덕진-

ta	ryeong	sak	hoe	mae	bu	mo	seo	gwon	goe
墮	零	朔	晦	邁	扶	慕	婿	眷	怪
隨	零	朔	晦	邁	扶	慕	婿	眷	怪
떨어질 타	떨어질 령	초하루 삭	그믐 회	갈 매 / 힘쓸 매	도울 부	사모할 모	사위 서	친족 권 / 돌이볼 권	기이할 괴
fall/drop	drop	first day of the month	last day of the month	proceed	help /assist	yearn	son in law	relative /look after	strange
duò	líng	shuò	huì	mài	fú	mù	xù	juàn	guài
ダ	レイ	サク	カイ	マイ	フ	ボ	セイ	ケン	カイ

朔晦: 초하루와 그믐.

邁扶: 힘써 도우다.

慕婿眷: 사위권속을 그리워하다.

＊＊＊＊＊＊＊＊＊＊＊＊＊＊＊＊＊

금색광명 아미타불 어느곳에 계시는가
마음깊이 새겨두고 간절하게 잊지마소
생각하고 생각하여 무넘처에 이른다면
자성광명 드러나고 온몸에서 빛이나리

-고려 나옹선사-

재산이 많이 늘고 가족이 함께 살아도
서로의 사상이 다르고 신앙이 다르면
서로를 이해 못해 외롭고 괴롭다.
불법(佛法)을 같이 믿어
같은 마음 같은 행동 이루면
복된 가족 즐거운 생활 이룬다.

-덕진-

chu	cheop	yuk	geo	chu	gun	geon	tan	jang	tu
醜	妾	肉	擧	推	郡	愆	吞	漿	投
추할 추	첩 첩	살육/고기육	들 거	밀 추/옮길 추	고을 군	허물 건	삼킬 탄	미음 장	던질 투
ugly	concubine	meat	raise/lift	push/move	country	fault	swallow	gruel	throw
chǒu	qiè	ròu	jǔ	tuī	jùn	qiān	tūn	jiāng	tóu
シュウ	ショウ	ニク	キョ	スイ	グン	ケン	ドン	ショウ	トウ

怪醜妾: 괴상하고 추악한 첩.

擧推: 받들어 옮기다.

吞漿: 미음을 마시다.

投戟: 창 던지기.

미음: 묽은 죽

남을 존경하고 스스로를 낮추며
만족할 줄 알고 은혜를 생각할 줄 알며
때때로 교법(敎法)을 듣는다면
이것이 인간 최고의 행복이다.

참을 잘 알고 유화(柔和)할 수 있으며
자주 스님을 방문하면서
때때로 법을 이야기할 수 있다면
이것이 인간 최고의 행복이다.

-길상경-

geuk	ja	bong	cheon	pi	sak	cho	myo	u	gwan
戟	刺	鋒	穿	皮	爍	燋	妙	雨	灌
창 극	찌를 자	칼끝 봉	뚫을 천	가죽 피	빛날 삭/태울 삭	홰 초/파리할 초	묘할 묘	비 우	물댈 관
spear	pierce	edge	bore	skin/leather	shine/burn	torch/haggard	strange	rain	irrigate
jǐ	cì	fēng	chuān	pí	shuò	qiáo	miào	yǔ	guàn
ゲキ	シ	ホウ	セン	ヒ	シャク	ショウ	ミョウ	ウ	カン

刺鋒穿皮: 칼끝으로 찔러 가죽을 뚫다.

爍燋: 횃불이 빛나다.

妙雨灌澳: 빗물을 묘하게 후미진 데까지 물을 대다.

* * * * * * * * * * * * * * * * * *

남을 도와줄 때는
도와주었다는 생각마저 없이 하고
남한테서 도움을 받았을 땐
고마움을 깊이 간직해 갖도록 하라. -길상경-

칭찬과 비방, 상과 벌에
마음을 어지럽히지 않고
얼음과 얻지 못함에 의해
마음을 움직이지 않으며
근심도 없고, 성냄도 없어
더 이상 위가 없는 편안함 속에 있다면
이보다 나은 인간의 행복은 없다.

-길상경-

o/uk	gam	gu	ryeol	jang	chu	ru	ong	gwon	jeon
澳	堪	灸	裂	腸	鎚	樓	擁	券	轉
澳	堪	灸	裂	腸	鎚	樓	擁	卷	轉
깊을 오 / 물가 욱	견딜 감	뜸 구	찢을 렬	창자 장	쇠망치 추	다락 루	가릴 옹 / 안을 옹	책 권 / 문서 권	돌릴 전 / 구를 전
deep /cliff	endure	cautery	split	intestines	hammer /polish	garret	embrace	book /document	roll
ào	kān	jiǔ	liè	cháng	chuí	lóu	yǒng	quàn	zhǎn
オウ	カン	キュウ	レツ	チョウ	ツイ	ロウ	ヨウ	ケン	テン

堪灸: 뜸에 견디다.

裂腸: 창자가 찢어지다.

鎚樓: 누각을 힘껏 때려치다.

擁卷: 책을 들고.

轉橫: 가로로 돌다.

- 남의 허물은 보기 쉬워도
  자기 허물은 보기 어렵다
  남의 허물은 겨처럼 까불어 흩어 버리면서
  자기 허물은 나쁜 성적표 감추듯 한다.

- 말 잘한다고 해서
  바른길을 걷는 것은 아니다
  말을 더듬더라도
  바른 생활을 하는 자가 슬기로운 사람이다.

  -법구경-

hoeng	chae/cha	ryeo/ri	gyeong	cham	jeon	gin	pyo	sim	jang
橫	叉	犁	耕	斬	纏	緊	漂	尋	杖
가로 횡 / 사나울 횡	깍지낄 차	쟁기 려 / 얼룩소 리	밭갈 경	벨 참	얽힐 전	요긴할 긴	떠돌이 표	찾을 심	지팡이 장
cross /width	clasp one's hands	plow	plow /plough	cut /behead	entangle	urgent /tight	float	visit /search	stick /cane
héng	chā	lí	gēng	zhǎn	chán	jǐn	piāo	xún	zhàng
オウ	サ	リ	コウ	ザン	テン	キン	ヒョウ	ジン	ジョウ

犁耕: 쟁기로 밭을 갈다.

斬纏緊: 굵게 얽힌 줄을 끊다.

漂尋杖: 떠돌며 지팡이를 찾다.

＊＊＊＊＊＊＊＊＊＊＊＊＊＊＊＊＊＊＊

諸佛菩薩十種大恩: 모든 부처님의 열 가지 큰 은혜

가피 나투시고
온갖 고행 닦으시고
중생구제 애쓰시고

육도의 곳곳에서 자비 손길 내리시고
중생있는 모든 곳에 그 몸을 나투시고
깊고 깊은 자비심은 평등하여 걸림없고
훌륭한 모습을 평등한 듯 보이시고
진실한 가치로 방편을 세우시고
열반하심 보이시어 착한 마음 일게 하고
한량없는 자비로 중생을 위하시네

gye	heuk	dan	geom	sa	oe	yo	ryang	ui	yak
械	黑	段	檢	查	巍	饒	良	醫	藥
械	黑	段	檢	查	巍	饒	良	醫	藥
형틀 계	검을 흑	조각 단 /구분 단	검사할 검	사실 사 /조사할 사	산높을 외	넉넉할 요	어질 량	의원 의	약 약
machine	black	section	inspect	examine	high and grand	plenty	good	doctor	medicine
xiè	hēi	duàn	jiǎn	chá	wéi	ráo	liáng	yī	yào
カイ	コク	ダン	ケン	サ	ギ	ジョウ	リョウ	イ	ヤク

黑段: 검은 조각.

檢查: 검사.

巍饒: 높고 넉넉함.

良醫藥: 좋은 의원과 약.

착하고 슬기로워 뛰어난 사람
잘 참고 베풀어서 뛰어난 사람
이런 사람과 친구하여 배워 나가면
마침내 뭇별 속에서 달과 같이 우뚝하리니

깨끗함을 알고 부끄러움을 알며
욕심을 떠나 베풀 줄 알며
칭찬할 줄 알고 화해할 줄 아는 사람
그 사람은 무리 중에 뛰어난 존경받을 자

-법구경-

98

geup	son	geung	gam	heom	ro	dan	dang	jae	eo
急	損	肯	敢	險	路	端	唐	宰	魚
급할 급	덜 손	즐길 긍	감히 감 / 어찌 감	험할 험	길 로	바를 단 / 끝 단	당나라 당	재상 재	고기 어
hurry	reduce	affirm	boldly /fearlessly	steep	road	right /end	name of a nation	minister	fish
jí	sǔn	kěn	gǎn	xiǎn	lù	duān	táng	zǎi	yú
キュウ	ソン	コウ	カン	ケン	ロ	タン	トウ	サイ	ギョ

急損: 급히 버리다.

肯敢: 감히 옳게 여기다.

險路端: 험한 길의 끝.

唐宰: 당나라 재상.

부처님이 게송으로 무진의보살에게 대답하시되 "그대는 잘 들으라. 관음의 높은 덕은 곳에 따라 마땅히 응하느니라. 큰 서원은 바다같이 깊어서 헤아릴 수 없는 여러 겁 동안 여러 천억 부처님 모셔 받들며 청정한 큰 서원을 세웠느니라. 내 이제 그대에게 줄여서 말하노니 그 이름을 듣고 나서 모습을 보는 이가 지극한 마음으로 깊이 새기면 모든 세상 괴로움 소멸하리라."

-법화경 관세음보살보문품-

sang	bu	yu	a	mo	jo	gyeong	pa	gaeng	mol
商	婦	遊	牙	毛	爪	頸	破	坑	沒
商	婦	遊	牙	毛	爪	頸	破	坑	没
장사 상	며느리 부	놀 유	어금니 아	털 모	손톱 조	목 경	깨뜨릴 파	구덩이 갱	빠질 몰 / 잠길 몰
trade /consider	daughter in law	play	molar /bud	hair /fur	nail	neck	break	pit	sink
shāng	fù	yóu	yá	máo	zhuǎ	jǐng	pò	kēng	méi
ショウ	フ	ユウ	ガ	モウ	ソウ	ケイ	ハ	コウ	ボツ

魚商婦: 고기 장사하는 여인.

遊: 놀다. 유희하다.

破坑: 구덩이가 무너지다.

내 너를 위해 간략히 말하노니
이름을 듣거나 그를 친견하여
마음으로 공경하고 멸시치 않으면
모든 괴로움을 모두 멸하느니라

큰 불구덩이에 밀어 넣더라도
관세음보살을 염원하는 힘으로
불구덩이 변하여 연못이 되며
-법화경 관세음보살보문품-

jo	rang	gung	jil	su	jeo/jo	cheol/che	su	gye	go
潮	浪	窮	疾	獸	詛	掣	囚	繫	鼓
潮	浪	窮	疾	獸	詛	掣	囚	繫	鼓
조수 조	물결 랑	다할 궁	병 질	짐승 수	저주할 저	당길 철 /끌 체	가둘 수	맬 계	북칠 고
tide	wave	exhaust	disease	animal /beast	curse	pull/draw	imprison	tie	drum
cháo	làng	qióng	jí	shòu	zǔ	chè	qiú	jì	gǔ
チョウ	ロウ	キュウ	シツ	ジュウ	ショ	セイ	シュウ	ケイ	コ

만일 무서운 도적에 둘러싸여
각각 창과 칼로 해치려 할지라도
관세음보살을 염원하는 힘으로
도적들도 모두 자비심을 내며

만일 대란의 괴로움을 당하여
형벌을 받고 죽게 되었더라도
관세음보살을 염원하는 힘으로
칼날이 쪼각쪼각 부러지며

-법화경 관세음보살보문품-

chu	ju	bak	cheom	ang	rak	roe	pip	jeok	dok
椎	澍	雹	瞻	仰	落	雷	逼	賊	讀
椎	澍	雹	瞻	仰	落	雷	逼	賊	讀
방망이 추 /칠 추	단비 주 /적실 주	우박 박	쳐다볼 첨	우러를 앙 /믿을 앙	떨어질 락	천둥 뢰	핍박할 핍	도둑 적	읽을 독
club /hit	timely rain /soak	hail	look up	adore /trust	fall	thunder	urgent	thief	read
zhuī	shù	báo	zhān	yǎng	luò	léi	bī	zéi	dú
ツイ	ジュ	ハク	セン	ギョウ	ラク	ライ	ヒシ	ゾク	ドク

鼓椎: 북치는 방망이.

澍雹: 비오고 우박 떨어지다.

瞻仰: 우러러보다.

落雷逼賊: 벼락이 떨어져 도둑이 위협받다.
　　　　　낙뢰=벼락.

중생이 곤함과 재앙을 당하여
한량없는 고통이 몸을 괴롭혀도
관세음보살의 묘한 지혜의 힘이
세간의 괴로움 구해 주시니라

신통력 충분히 갖추어져 있고
지혜의 방편력을 널리 닦아서
시방의 모든 국토 어디에든지
몸을 나투지 않는 곳이 없나니

-법화경 관세음보살보문품-

si	yeon	cheon	hae/hal	pi	yeom/yeop/am	gwon	byeon	jae	man
侍	煙	淺	害	疲	厭	倦	辯	才	鬘
侍	煙	淺	害	疲	厭	倦	辯	才	鬘
모실 시	연기 연	얕을 천	해칠 해 /어찌 할	고달플 피	싫을 염/ 누를 엽/감출 암	게으를 권	말 변	재주 재	아름다울 만
serve	smoke	shallow	injure /what	tired	hate/ press/hide	lazy	eloquent	talent	beautiful
shì	yān	qiǎn	hài	pí	yàn	juàn	biàn	cái	mán
ジ	エン	セン	ガイ	ヒ	エン	ケン	ベン	サイ	マン

疲厭倦: 고달프고 싫증나다.

辯才: 변설과 재지(才智).

* * * * * * * * * * * * * * * * * *
송사로 다투는 법정에서나
두려움이 엄습하는 전선에서도
관세음보살을 생각하는 힘으로
중생의 원한 모두 사라진다.

-법화경-

오악(五惡)이란 무엇인가?

: ①부모의 은혜를 생각한 적이 없고, ②스승이나 법에 대한 의무를 생각한 일이 없으며, ③마음에는 언제나 악한 생각을 품고, ④입은 항상 악의에 찬 악담만을 잘하며, ⑤몸으로는 항상 나쁜 짓만을 저지르고 선한 일이라고는 한번도 하지 않는 것을 말한다.

-무량수경-

san	gae	chok	ju	sok	gwon	seop	eun	jin	seong
傘	蓋	燭	炷	續	勸	攝	殷	盡	誠
傘	蓋	燭	炷	續	勸	攝	殷	盡	誠
우산 산	덮을 개	촛불 촉	심지 주	이을 속	권할 권	당길 섭 /겸할 섭	성할 은 /은나라 은	다할 진	정성 성
umbrella	cover	candle	wick	continue	advise	pull /combine	prosperous /name of a nation	exhaust	sincere
sǎn	gài	zhú	zhù	xù	quàn	shè	yīn	jìn	chéng
サン	カイ	ショク	シユ	ヅク	カン	セツ	イン	シン	セイ

seok	ma	du	ik	gu	bo	je	ji	hwe	beon
惜	馬	頭	溺	鳩	輔	齊	祇	卉	繁
아낄 석	말 마	머리 두	빠질 익	비둘기 구	광대뼈 보 /도울 보	가지런할 제	땅귀신 기 /마침 지	초목 훼	많을 번
grudge	horse	head	drown	pigeon	cheekbone /help	arrange	spirit of the earth/just	plant	flourish
xí	mǎ	tóu	nì	jiū	fǔ	jì	zhǐ	huì	fán
セキ	バ	トウ	デキ	キュウ	ホ	セイ	ギ	キ	ハン

馬頭: 말머리

溺鳩輔濟: 물에 빠진 비둘기를 도와서 건지다.

祇卉繁茂: 다만 나무 수풀이 번창 무성하다.

＊＊＊＊＊＊＊＊＊＊＊＊＊＊＊＊＊＊＊＊

普賢十種大行願

禮敬諸佛: 모든 부처님께 예경함이요,
稱讚如來: 부처님을 칭찬함이요,
廣修供養: 널리 공양함이요,
懺悔業障: 업장을 참회함이요,
隨喜功德: 남이 짓는 공덕 기뻐함이요,
請轉法輪: 설법하여 법 전하기를 청함이요,
請佛住世: 부처님께서 세상에 오래 계시기를 청함이요,
常隨佛學: 늘 부처님 따라 배움이요,
恒順衆生: 항상 중생을 수순함이요,
普皆廻向: 지은 공덕 널리 회향함이다.

mu	do	bin	ma	sok/chok	eup	jung	chon	gwang	jeok
茂	覩	貧	魔	屬	邑	中	村	曠	磧
茂	覩	貧	魔	屬	邑	中	村	曠	磧
우거질 무	볼 도	가난할 빈	마술 마 /마귀 마	붙을 속 /이을 촉	고을 읍	가운데 중	마을 촌	멀 광 /빌 광	자갈밭 적
flourish	see	poor	magic /devil	attach /connect	town	middle	village	far /empty	gravel in waterside
mào	dǔ	pín	mó	shǔ	yì	zhōng	cūn	kuàng	qì
モ	ト	ヒン	マ	ショク	ユウ	チュウ	ソン	コウ	セキ

ru	gi	bal	wi	bak	ral	sa	jang	yong	yak
漏	旣	拔	位	剝	剌	詞	狀	踊	躍
漏	旣	拔	位	剝	剌	詞	狀	踊	躍
샐 루	이미 기	뺄 발	자리 위	벗길 박	어질러질 랄	말씀 사	문서 장	뛸 용	뛸 약
leak	already	select	rank/seat	peel/strip	go against	word language	document	jump	leap
lòu	jì	bá	wèi	bō	lá	cí	zhuàng	yǒng	yuè
ロウ	キ	バツ	イ	ハク	ラツ	シ	ジョウ	ヨウ	ヤク

漏: 물이 새다.
旣拔位: 이미 자리를 빼앗았다.
剝剌: ~것이 벗겨지고. ~벗기고 찢어지다.
　　　　어그러지다.
詞狀: 잘 말씀 드리는 편지. 엄숙히 알리는 문서.
踊躍: 뜀박질, 달리기, 좋아서 뛰놀다.
＊＊＊＊＊＊＊＊＊＊＊＊＊＊＊＊＊＊＊
청정하온 바라밀을 힘써 닦아서 어느때나
보리심을 잊지 않으며
모든 업장 모든 허물 멸해 버리고

일체의 묘한행을 성취하오며
연꽃잎에 물방울이 붙지 않듯이
해와 달이 허공에 머물지 않듯
어두운 맘 미혹한 업 하근기라도
세간살이 그 속에서 해탈 얻으리
일체 악과 온갖고통 모두 없애고
중생에게 즐거움을 고루 주기를
찰진겁이 다하도록 쉬지 않으며
시방중생 위하는 일 한이 없으리.

-화엄경 보현행원품-

reuk	sang	gung	dam	so	sa	tan	sung	bae	hyo
勒	象	宮	噉	笑	辭	誕	崇	倍	孝
勒	象	宮	噉	笑	辭	誕	崇	倍	孝
굴레 륵	코끼리 상	집 궁	먹을 담 / 싱거울 담	웃을 소	말 사	태어날 탄	높일 숭	곱 배 / 더할 배	효도 효
bridle	elephant	house /palace	eat	laugh	words	born	high /respect	double /increase	filial piety
lè	xiàng	gōng	dàn	xiào	cí	dàn	chóng	bèi	xiào
ロク	ショウ	キュウ	ダニ	ショウ	ジ	タン	スウ	バイ	コウ

勒象宮: 코끼리를 묶어두는 집. 코끼리 우리.

噉: 啖과 同字. 먹을 담. 삼킬, 싱거울 담.

崇倍孝: 배로 효도함을 우러러 공경하다.

＊＊＊＊＊＊＊＊＊＊＊＊＊＊＊＊＊＊

뱀의 머리와 꼬리

어떤 뱀의 꼬리가 머리를 향해 말했다.
"내가 먼저 가야 해."

머리가 꼬리에게 말했다.
"지금껏 줄곧 내가 먼저 갔어. 이제 와서 왜 갑자기 그런 말을 하는 거야."
그리고는 머리가 먼저 가려 하자, 꼬리가 나무를 휘감아 앞으로 나아갈 수 없었다.
그래서 꼬리의 주장대로 먼저 가게 했더니 곧 불 속에 떨어져 뱀은 죽고 말았다.

-백유경-

부 록

상 단 예 불

오분향례

계향 · 정향 · 혜향 · 해탈향 · 해탈지견향
온누리에 광명 가득하신 시방의 무량한 불 · 법 · 승께 공양합니다.

헌향진언

옴 바아라 도비야 훔 (세번)

지극한 마음으로 삼계의 스승이시며 사생의 어버이신
　　　　　　석가모니 부처님께 귀의합니다.
지극한 마음으로 시방삼세에 항상 계신 모든 부처님께 귀의합니다.
지극한 마음으로 시방삼세에 항상 계신 부처님의 가르침에 귀의합니다.
지극한 마음으로 대지문수사리보살 대행보현보살 대비관세음보살
　　　　　　대원본존지장보살께 귀의합니다.
지극한 마음으로 불법을 부촉받으신 십대제자 십육성 오백성 독수성
　　　　　　내지 천이백 제대아라한과 모든 성인들께 귀의합니다.
지극한 마음으로 법등을 밝혀오신 천하 조사 종사와
　　　　　　선지식께 귀의합니다.
지극한 마음으로 시방삼세에 항상 계신 덕 높으신 스님들께 귀의합니다.
오직 원하옵나니, 다함없는 삼보께서는 저희 예배를 받으사
은은한 가피력으로 모든 중생이 일시에 성불케 하여지이다.

上壇禮佛

五分香禮

戒香 定香 慧香 解脫香 解脫知見香 光明雲臺 周遍法界
供養十方 無量佛法僧

獻香眞言

옴 바아라 도비야 훔 (세번)

至心歸命禮 三界導師 四生慈父 是我本師 釋迦牟尼佛

至心歸命禮 十方三世 帝網刹海 常住一切 佛陀耶衆

至心歸命禮 十方三世 帝網刹海 常住一切 達磨耶衆

至心歸命禮 大智文殊舍利菩薩 大行普賢菩薩

　　　　　　大悲觀世音菩薩 大願本尊地藏菩薩 摩訶薩

至心歸命禮 靈山當時 受佛付屬 十大弟子 十六聖 五百聖

　　　　　　獨修聖 乃至 千二百諸大阿羅漢 無量慈悲聖衆

至心歸命禮 西乾東震 及我海東 歷代傳燈 諸大祖師 天下宗師

　　　　　　一切微塵數 諸大善知識

至心歸命禮 十方三世 帝網刹海 常住一切 僧伽耶衆

唯願 無盡三寶 大慈大悲 受我頂禮 冥熏加被力 願共法界 諸衆生
自他一時 成佛道

반 야 심 경

　관자재보살이 깊은 반야바라밀다를 행할 때, 오온이 모두 공한 것을 비추어 보고 온갖 괴로움과 재앙을 건지느니라.

　사리불이여, 물질이 공과 다르지 않고 공이 물질과 다르지 않으며, 물질이 곧 공이요, 공이 곧 물질이니, 느낌과 생각과 지어감과 의식도 또한 그러하니라.

　사리불이여, 이 모든 법의 공한 모양은 나지도 않고 없어지지도 않으며 더럽지도 않고 깨끗하지도 않으며 늘지도 않고 줄지도 않느니라.

　그러므로 공 가운데에는 물질도 없고 느낌과 생각과 지어감과 의식도 없으며, 눈과 귀와 코와 혀와 몸과 뜻도 없으며, 빛과 소리와 냄새와 맛과 닿임과 법도 없으며, 눈의 경계도 없고 의식의 경계까지도 없으며, 무명도 없고 또한 무명이 다함도 없으며, 늙고 죽음도 없고 또한 늙고 죽음이 다함까지도 없으며, 괴로움과 괴로움의 원인과 괴로움의 없어짐과 괴로움을 없애는 길도 없으며, 지혜도 없고 또한 얻음도 없느니라. 얻을 것이 없는 까닭에 보살은 반야바라밀다를 의지하므로 마음에 걸림이 없고, 걸림이 없으므로 두려움이 없어서 뒤바뀐 헛된 생각을 아주 떠나 완전한 열반에 들어가며, 과거 현재 미래의 모든 부처님도 이 반야바라밀다를 의지하므로 아뇩다라삼먁삼보리를 얻느니라.

　그러므로 알아라. 반야바라밀다는 가장 신비한 주문이며, 가장 밝은 주문이며, 가장 높은 주문이며, 아무것도 견줄 수 없는 주문이니, 능히 온갖 괴로움을 없애고 진실하여 허망하지 않느니라.

　그러므로 반야바라밀다의 주문을 말하노니 주문은 곧 이러하니라.

『아제아제 바라아제 바라승아제 모지 사바하』(세번)

마하반야바라밀다심경

관자재보살 행심반야바라밀다 시 조견오온개공 도일체고액 사리
자 색불이공 공불이색 색즉시공 공즉시색 수상행식 역부여시 사리
자 시제법공상 불생불멸 불구부정 부증불감 시고 공중무색 무수상
행식 무안이비설신의 무색성향미촉법 무안계 내지 무의식계 무무
명 역무무명진 내지 무노사 역무노사진 무고집멸도 무지역무득 이
무소득고 보리살타 의반야바라밀다고 심무가애 무가애고 무유공포
원리전도몽상 구경열반 삼세제불 의반야바라밀다 고득아뇩다라삼
먁삼보리 고지반야바라밀다 시대신주 시대명주 시무상주 시무등등
주 능제일체고 진실불허 고설 반야바라밀다주 즉설주왈

『아제아제 바라아제 바라승아제 모지 사바하』(세번)

摩訶般若波羅蜜多心經

觀自在菩薩 行深般若波羅蜜多時 照見五蘊皆空 度一切苦厄 舍利
子 色不異空 空不異色 色卽是空 空卽是色 受想行識 亦復如是 舍利
子 是諸法空相 不生不滅 不垢不淨 不增不減 是故 空中無色 無受想
行識 無眼耳鼻舌身意 無色聲香味觸法 無眼界 乃至 無意識界 無無
明 亦無無明盡 乃至 無老死 亦無老死盡 無苦集滅道 無智亦無得 以
無所得故 菩提薩陀 依般若波羅蜜多故 心無罣碍 無罣碍故 無有恐怖
遠離顚倒夢想 究竟涅槃 三世諸佛 依般若波羅蜜多 故 得阿耨多羅
三藐三菩提 故知般若波羅蜜多 是大神呪 是大明呪 是無上呪 是無等
等呪 能除一切苦 眞實不虛 故說般若波羅蜜多呪 卽說呪曰

『揭諦揭諦 波羅揭諦 波羅僧揭諦 菩提 娑婆訶』(세번)

佛敎의 定義
成佛之敎
부처가 되기 위한 종교
佛陀卽敎
깨달음을 목적하는 종교
依佛之敎
부처를 의지하는 종교
僧寶
거룩한 스님들
法寶
거룩한 가르침
佛寶
거룩한 부처님
解脫論 · 倫理的
해탈론 윤리적
眞理論 · 哲學的
진리론 철학적
敎主論 · 宗敎的
교주론 종교적
止惡修善
모든 악을 여의어 행위마다 착하다
轉迷開悟
어리석음을 여의어 밝은 마음을 자각한다
離苦得樂
괴로움을 여의어 항상 즐겁다
善의 世界
보살의 세계
眞의 世界
청정법신비로자나불 세계
美의 世界
극락정토의 세계
意
자유롭다
知
평화스럽다
情
행복하다
律藏
불자의 생활규범을 정한 글
論藏
경전의 뜻을 해석, 법상을 변론한 글
經藏
부처의 말씀을 전한 책
戒學
어긋남이 없이 편안하고 두루 통한다
慧學
일체를 아는 밝은 지혜를 갖춘다
定學
밝고 고요함에 이른다
行
부처님의 행위를 본받아 실천한다
解
부처님 마음에 계합한다
信
부처를 깊이 믿고 의지한다
證 (聖)

매일 기도문

아침기도

삼계의 대도사이시고 사생의 자부이신 석가모니 부처님께 지극한 마음으로 귀의하옵고 정법(正法)을 배워 닦고 전하기 위해서 온갖 고난 참고 이기며 굳센 신념으로 하루를 시작합니다.

오늘도 큰 지혜와 용기를 베푸시어 안전하고 편안하며 알차고 보람되게 하소서.

부처님, 저희를 항상 진리와 행복으로 인도하심을 믿습니다.

낮 발원

존귀하신 부처님께 온 정성 다 모아 합장하옵고, 님의 은덕에 감사드리며 원력을 발하여 수행합니다. 지금 내가 하는 일이 나와 이웃을 위해 진실로 보람된 작업임을 알고 능력과 최선을 다하겠습니다.

저녁 참회

항상 자비와 위신력으로 보살펴 주시는 부처님. 오늘 나의 의무를 바르게 하고 구도의 실행을 하였는지 가정과 사회를 위해 무엇을 하였는지 돌이켜보며 계정혜(戒定慧)를 닦아 나가겠습니다. 탐진치 삼독이 근본이 되어 신구의로 지은 업 지심으로 참회하옵니다.

나무마하반야바라밀

공양시간에 합장하면서

이 음식에 깃든 모든 이의 공덕을 생각하며 감사히 들고, 상구보리 하화 중생하겠나이다.

『나무불 나무법 나무승』(세번)

불교 중요 법수(法數) 및 간지(干支)

一心 : 한마음, 지혜를 갖춘 마음.

一法界 : 불교의 세계관에서 온 우주가 부처님의 법.

一大事因緣 : 부처님께서 우리가 사는 세계에 중생교화를 위해 오신
크나큰 인연.

一乘(一佛乘) : 부처님은 방편으로 보살·연각·성문 등 삼승을 설했지만
오직 부처가 되는 길을 위해 가장 높은 승법을 설하셨다.

不二法門 : 모든 법은 상대적으로 보이지만 부처님의 세계는 절대 평등의
경지이다. 그러므로 不二法이라 함. 상대적인 차별을 없애고,
절대 차별이 있는 이치를 나타내는 법문.

二門福慧 : 부처님은 완전한 지혜와 복덕을 갖추시었다.
중생도 지혜와 복을 함께 닦아야 한다는 것.

三寶 : 佛寶·法寶·僧寶. 붓다·달마·승가. 즉 부처님과
부처님의 설법, 그리고 스님들을 일컬음.

三歸依 : 삼보에 귀의함.

三藏 : 經·律·論

三毒 : 貪·瞋·痴 즉 탐내고 성내고 어리석음을 일컬음.

三世 : 過去世·現在世·未來世

三乘 : 菩薩·聲聞·緣覺

三界 : 欲界·色界·無色界

三災 : 天災(火·水·風·가뭄)·病災·人災(전쟁·난리·사고 등)

三諦 : 眞諦·俗諦·中道諦

三法印 : ① 諸行無常印: 모든 것은 변화한다.
② 諸法無我印: 모든 것은 독존할 수 없고 연계적으로 존재한다.

③ 涅槃寂靜印: 번뇌가 그치고 고요한 안락을 이룬다.

四聖諦 : 苦聖諦·集聖諦·滅聖諦·道聖諦

四無量心 : 慈·悲·喜·捨

四攝法 : 布施攝·愛語攝·利行攝·同事攝

四法界 : 事法界·理法界·理事無碍法界·事事無碍法界

四弘誓願 : 중생을 다 건지오리다. (衆生無邊誓願度)

　　　　　번뇌를 다 끊으오리다. (煩惱無盡誓願斷)

　　　　　법문을 다 배우오리다. (法門無量誓願學)

　　　　　불도를 다 이루오리다. (佛道無上誓願成)

五蘊 : 色·受·想·行·識

五體投地 : 두 손, 두 무릎, 이마를 땅에 대고 절하는 것.

六波羅蜜(六度) : 布施·持戒·忍辱·精進·禪定·智慧

六道(六途) : 天上·人間·修羅·畜生·餓鬼·地獄

六和合 : ①身和同住 : 몸으로 화합하여 자신을 낮추고 남의 인격을
　　　　　　　　　존중하여 같이 머문다.

　　　　②口和無諍 : 가는 말씨 오는 말씨가 인정으로 얽혀 다툴 일이 없다.

　　　　③意和無違 : 내 고집을 버리고 남의 의견을 존중하여 어김이 없다.

　　　　④見和同解 : 진리의 바른 견해로 남과 같이 이해한다.

　　　　⑤戒和同遵 : 도의 계율, 바른길을 같이 따른다(질서).

　　　　⑥利和同均 : 이익을 다같이 고르게 복지를 균등히 한다.

　　　　※ 六和는 僧伽단체를 구성하는 기본 요건으로서 복지사회 건설
　　　　　의 원칙이 됨을 말한다.

六通 = 六種神通力, 六神通

①天眼通 : 육안으로 볼 수 없는 것을 보는 신통.

②天耳通 : 보통 귀로는 듣지 못할 음성을 듣는 신통.

③他心通 : 다른 사람의 의사를 자재하게 아는 신통.

④宿命通 : 지나간 세상의 생사를 자재하게 아는 신통.

⑤神足通=如意通 : 부사의하게 경계를 변하여 나타내기도 하고 마음대로
　　　　　　　　날아다니기도 하는 신통.

⑥漏盡通 : 온갖 번뇌를 끊는 신통.

六根六識 : 사람이 알고 느낄 수 있는 감각과 그 기관. 즉 眼·耳·鼻·
　　　　　　舌·身·意와 色·聲·香·味·觸·法.

六成就 : 모든 경전은 여섯 가지 원칙으로 되어 있어 철학적·합리적으로
　　　　　엮어졌다. 언제·어디서·누가·무엇을·어떻게·왜 원칙과도
　　　　　通한다.

　　　①信成就 : 확실하다. 如是
　　　②聞成就 : 들음. 我聞
　　　③時成就 : 언제. 一時
　　　④主成就 : 누가. 佛
　　　⑤處成就 : 어디서. 사위국
　　　⑥衆成就 : 누구에게. 比丘衆

七大 : 地·水·火·風·空·見·識

七寶 : 金·銀·瑠璃·玻瓈·硨磲·赤珠·碼碯

八正道 : 正見·正思惟·正語·正業·正命·正精進·正念·正定

十波羅蜜 : 六波羅蜜, 方便·願·力·智

[십진법]

壹 : 한 일(一). 하나. 주로 증서, 계약 등에 씀. 한번. 한가지로, 전일할 일
　　- 마음을 오직 한가지로. 통일할 일. 순박할 일.

貳 : 두 이(二). 두 마음 이 - 두 가지 마음, 이심. 거듭할 이 - 재차함, 중복
　　됨. 의심할 이 - 의혹을 품음. 어길 이 - 위반함. 변할 이 - 변심함. 대신
　　할 이 - 대리함. 내응할 이. 떨어질 이. 도울 이. 짝 이.

参 : 석 삼(三). 섞일 참. 나란할 참. 참여할 참. 뵐 참. 헤아릴 참. 무리 참.
　　가지런하지 않을 참. 별 이름 삼. 빽빽이 들어설 삼. 인삼 삼.

拾 : 열 십(十). 오를 섭. 주울 습. 팔찌 습. 번갈아 겁.

百 : 일백 백. 백번 백. 힘쓸 백.

阡 : 일천 천(千). 천번 천. 밭두둑 천.

万 : 일만 만(萬). 춤 이름 만.

億 : 억 억. 헤아릴 억. 편안할 억. 가슴 억. 건돈 억.

兆 : 조 조. 점 조. 뫼 조. 조짐 조. 형상 조.

[10干]

甲 : 첫째 천간 갑. 첫째 갑. 첫째갈 갑. 시작할 갑. 껍질갑. 껍데기 갑.
　　갑옷 갑. 손톱 갑. 등 갑. 반 갑. 아무 갑. 친압할 갑.

乙 : 둘째 천간 을. 둘째 을. 표찰 을. 굽을 을. 생선 창자 을. 아무 을. 을골 을.

丙 : 셋째 천간 병. 남녁 병. 셋째 병. 불 병.

丁 : 넷째 천간 정. 셀 정. 성할 정. 장정 정. 일 정. 당할 정. 벌목 소리 정.
　　말뚝박는 소리 정. 바둑두는 소리 정. 거문고 타는 소리 정.
　　물방울 소리 정. 문 두드리는 소리 정. 옥소리 정

戊 : 다섯째 천간 무

己 : 여섯째 천간 기. 몸 기. 다스릴 기.

庚 : 일곱째 천간 경. 고칠 경. 갚을 경. 단단할 경. 나이 경. 길 경.

辛 : 여덟째 천간 신. 매울 신. 독할 신. 괴로울 신. 새 신. 슬플 신.
　　은나라 폭군주의 이름.

壬 : 아홉째 천간 임. 간사할 임. 클 임.

癸 : 열째 천간 계. 경도 계.

[12支]

子 : (밤 11시~1시) 첫째 지지 자. 아들 자. 새끼 자. 알 자. 열매 자. 씨 자.
　　이자 자. 임 자. 나 자. 당신 자. 남자 자. 자작 자. 어조사 자. 아들같이
　　여길 자. 아들같이 자. 열매 맺을 자. 사랑할 자. 쥐띠

丑 : (새벽 1시~3시) 둘째 지지 축. 수갑 축. 소띠.

寅 : (새벽 3시~5시) 셋째 지지 인. 동관 인(동료). 공경할 인. 범띠.

卯 : (아침 5시~7시) 넷째 지지 묘. 방위는 동쪽. 띠로는 토끼띠.
　　달로는 음력 2월.

辰 : (오전 7시~9시) 다섯째 지지 진. 용띠. 별 이름 진. 날 신. 때 신.

巳 : (오전 9시~11시) 여섯째 지지 사. 동남 방위. 뱀띠.

午 : (오전 11시~오후 1시) 일곱째 지지 오. 정남 방위. 말띠. 음 5월.
　　오시 오. 낮 오. 거스릴 오. 가로세로 엇갈릴 오.

未 : (오후 1시~3시) 여덟째 지지 미. 서남 방위. 음 6월. 양띠. 아닐 미.
　　미래 미.

申 : (오후 3시~5시) 아홉째 지지 신. 거듭할 신. 원숭이띠. 이야기할 신.
　　아뢸 신. 기지개켤 신. 환할 신.

酉 : (오후 5시~7시) 열째 지지 유. 닭띠. 서쪽 방위. 서북방.

戌 : (오후 7시~9시) 열한째 지지 술. 서북방. 개띠.

亥 : (오후 9시~11시) 열두째 지지 해. 방위는 술과 자 사이 서북북.
　　음력 10월. 돼지띠.

보왕삼매론

1. 몸에 병 없기를 바라지 말라. 몸에 병이 없으면 탐욕이 생기기 쉽나니, 그래서 성인이 말씀하시되 '병고로써 양약을 삼으라' 하셨느니라.

2. 세상살이에 곤란 없기를 바라지 말라. 세상살이에 곤란이 없으면 업신 여기는 마음과 사치한 마음이 생기나니, 그래서 성인이 말씀하시되 '근심과 곤란으로써 세상을 살아가라' 하셨느니라.

3. 공부하는 데 마음에 장애 없기를 바라지 말라. 마음에 장애가 없으면 배우는 것이 넘치게 되나니, 그래서 성인이 말씀하시되 '장애 속에서 해탈을 얻으라' 하셨느니라.

4. 수행하는 데 마(魔) 없기를 바라지 말라. 수행하는 데 마가 없으면 서원이 굳건하지 못하나니, 그래서 성인이 말씀하시되 '모든 마군으로써 수행을 도와주는 벗을 삼으라' 하셨느니라.

5. 일을 꾀하되 쉽게 되기를 바라지 말라. 일이 쉽게 되면 뜻을 경솔한 데 두게 되나니, 그래서 성인이 말씀하시되 '여러 겁을 겪어서 일을 성취하라' 하셨느니라.

6. 친구를 사귀되 내가 이롭기를 바라지 말라. 내가 이롭고자 하면 의리를 상하게 되나니, 그래서 성인이 말씀하시되 '순결로써 사귐을 길게 하라' 하셨느니라.

7. 남이 내 뜻대로 순종해주기를 바라지 말라. 남이 내 뜻대로 순종해주면 마음이 스스로 교만해지나니, 그래서 성인이 말씀하시되 '내 뜻에 맞지 않는 사람들로써 원림(園林)을 삼으라' 하셨느니라.

8. 공덕을 베풀려면 과보를 바라지 말라. 과보를 바라면 도모하는 뜻을 가지게 되나니, 그래서 성인이 말씀하시되 '덕 베푼 것을 헌신처럼 버리라' 하셨느니라.

9. 이익을 분에 넘치게 바라지 말라. 이익이 분에 넘치면 어리석은 마음이 생겨나나니, 그래서 성인이 말씀하시되 '적은 이익으로써 부자가 되라' 하셨느니라.

10. 억울함을 당해서 밝히려고 하지 말라. 억울함을 밝히면 원망하는 마음을 돕게 되나니, 그래서 성인이 말씀하시되 '억울함을 당하는 것으로 수행하는 문을 삼으라' 하셨느니라. 이와 같이 막히는 데서 도리서 통하는 것이요, 통함을 구하는 것이 도리어 막히는 것이니, 이래서 부처님께서는 저 장애 가운데서 보리도를 얻으셨느니라.

저 '앙굴마라' 와 '제바달다' 의 무리가 모두 반역된 짓을 했지만, 우리 부처님께서는 모두 수기를 주셔서 성불케 하셨으니, 어찌 저의 거슬리는 것이 나를 순종함이 아니며, 저가 방해한 것이 나를 성취하게 함이 아니리요. 요즘 세상에 도를 배우는 사람들이 만일 먼저 역경에서 견디어 보지 못하면, 장애에 부딪칠 때 능히 이겨내지 못해서 법왕의 큰 보배를 잃어버리게 되나니 이 어찌 슬프지 아니하랴, 슬프지 아니하랴.

현	**호**	**홍**	還 52	**획**	**훼**	**흡**
賢 15	護 32	弘 47	患 91	獲 26	毀 87	恰 78
現 54	好 32				卉 105	
	虎 35	**화**	**황**	**횡**		**흥**
혈	狐 66	化 13	況 54	橫 97	**흉**	興 58
血 77		火 35	惶 82		胸 82	
	혹	華 64		**효**		**희**
형	或 66	和 72	**회**	孝 108	**흑**	希 33
刑 81		靴 75	會 33		黑 98	喜 42
形 80	**혼**		廻 39	**훈**		
	渾 72	**환**	悔 47	熏 20	**흘**	
혜	惛 82	幻 27	懷 74	訓 88	訖 52	
慧 9		歡 42	晦 93			

공: 孔 구멍 공 곳: 串 곳곳, 익힐 관, 꿸, 천, 꼬챙이 찬 과: 裹 쌀(싸다) 과, 胯 사타구니 과, 허리에 찰 과 담: 膽 쓸개·담력 담 괴: 乖 어그러질·배반할 괴 교: 憍 교만할, 방자할 교 구: 姁 수고로울 구 규: 竅 구멍 규 기: 棄 버릴 기 祇 클, 편안할 기 紀 벼리, 실마리 기 노: 瑙 마노 노 달: 闥 문 달 대: 戴 머리에 올려놓을 대 두: 肚 배 두 례: 禮 예절·경의를 표할 례 매: 沒 가라앉을 몰, 빠질 매, 어조사 마 막: 藐 아득할·조금 막 배: 北 달아날·배반할 배, 북녘 북 복: 復 돌아올 복, 다시 부 사: 蛇 뱀 사, 使 부릴 사, 하여금 사 소: 小 작을·짧을 소 少 적을 소 손: 飧 저녁밥·먹다·짓다 손 쇄: 殺 빠를 쇄 碎 부술 쇄 수: 秏 연유 수 순: 循 좇을·돌 순 슬: 膝 무릎 슬 식: 拭 닦을 식 아: 呵 어조사 아, 꾸짖을 가 락: 樂 즐거울 락, 풍류 악, 좋아할 요 앙: 殃 재앙 앙, 怏 어그러질 앙 애: 埃 티끌 애 야: 惹 이끌·끌어당길 야 억: 抑 연: 延 끌·인도할 연, 捐 버릴 연, 硏 갈·궁구할 연 열: 咽 목맬·막힐 열, 說 기꺼울 열, 말씀 설, 달랠 세 염: 荐 풀우거질·세월이 덧없이 흐를 염 엽: 厭 누를 엽,

싫을 염, 덮을 엄 **영**: 瓔 구슬목걸이 · 옥돌 영 **오**: 惡 미워할 오, 악할 악, 모질 악 **온**: 穩 평온할 온 **옹**: 厄 옹이 옹, 재앙 액 **요**: 猶 움직일 요, 오히려 유 **우**: 愚 어리석을 우 **욱**: 拗 누를 욱, 꺾을 요 **원**: 猿 원숭이 원 **이**: 二 두 이, 蛇 구불구불갈 이, 뱀 사 **인**: 煙 제사지낼 인, 연기 연 **일**: 逸 달아날 일 **자**: 煮 삶을 자, 遮 이 자, 막을 차 **잠**: 暫 잠깐 · 별안간 잠 **재**: 賷 가져올 재 **저**: 豬 돼지 저 **전**: 轉 구를 전, 旃 기 전 **절**: 窃 훔칠 절, 切 끊을 절 **제**: 折 편안한 모양 제, 꺾을 절, **졸**: 卒 군사 · 무리 졸, 拙 서투를 졸 **좌**: 剉 꺾을 · 쪼갤 좌, 摧 꺾을 최, 꼴을 밸 좌 **주**: 硃 팔꿈치 주, 謅 아침 주, 고를 · 뽑힐 조 **즙**: 汁 즙 즙 **진**: 陣 줄 · 진영 진 **차**: 嗟 탄식할, 감탄할 차, 硨 조개이름 차 **찬**: 攢 모일 · 도려낼 찬, 饌 반찬 찬 **천**: 串 곶 곶, 익힐 관, 꿸 천, 꼬챙이 찬 **촉**: 趣 달릴 취, 재촉할 촉 **추**: 麤 거칠 추 **축**: 閦 무리 축, 柚 수갑 축, 감탕나무 뉴 **취**: 橇 과실나무 취 **치**: 恥 부끄러워할 치, 致 보낼 · 바칠 치, 絺 칡베 치 **칠**: 七 일곱 칠 **타**: 埵 언덕 타, 馱 짐실을 태(타) **탄**: 嘆 탄식할 탄 **탈**: 脫 벗을 탈, 奪 빼앗을 탈 **태**: 馱 짐실을 타(태) **토**: 吐 토할 · 드러낼 토 **퇴**: 推 옮을 · 변천할, 추천할 추, 밀 퇴 **파**: 玻 유리 파 **패**: 伯 우두머리 패, 맏 백, 거리 맥 **편**: 便 편할 · 소식 편 **포**: 扶 도울 부, 길 포, 晡 신시 · 해질무렵 · 오후 4시 전후 포 **폭**: 曝 쬘, 햇볕에 쬐어 말릴 폭 **표**: 飄 회오리바람 표 **한**: 狠 개 싸우는 소리, 물다 한 **행**: 行 다닐 행 **험**: 嶮 험할 · 위태로울 · 높을 험 **현**: 縣 매달 · 공포할 현 **혐**: 嫌 싫어할 혐 **협**: 汁 화협할 협, 즙 즙 **호**: 怙 믿을 호, 琥 호박 호, 號 부르짖을 호 **혼**: 婚 혼인할 혼 **홍**: 虹 무지개 · 기름접시 홍 **활**: 越 넘을 월, 부들자리 활 **황**: 黃 누를 황 **후**: 瞍 애꾸눈 후 **휴**: 虧 이지러질 휴, 덕택으로 휴

♠ 감수 / 백 운 스님 (전 범어사 강주)
♠ 쓰기 / 박 한숙 선생님 (공립고등학교 한문교사)
♠ 외국어 감수 / 윤 영해 교수 (동국대교수, 종교학 박사)

참고문헌

《釋門義範》,《般若心經》,《千手經》,《金剛般若波羅蜜經》,《阿彌陀經》,
《妙法蓮華經》,《大報父母恩重經》,《大方廣佛華嚴經》,《東亞漢韓大辭典》,
《漢韓大字典》(민중서림),《康熙字典》,《佛教辭典》(운허스님 편),
《韓國佛教大辭典》(전七권 보련각),《불교성전》(동국역경원),
《불교경전》(우리출판사),《法句經》(역경원),
《설법자료집》(불교진흥원),《통일법요집》(대원사),
《선가귀감》,《유마경》(역경원),《아함경》(역경원),
《알기 쉬운 불교》(BBS 불교방송),
《태양에 생명이 있다》(성훈스님 수필집),
《룸비니에서 쿠시나가라까지》(불광출판사),《한글불경요집》(덕진 편)
《8282 漢字辭典》(어문각) 이외 다수

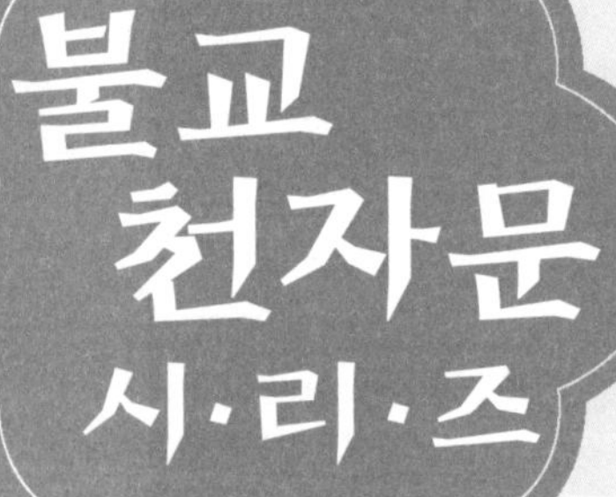

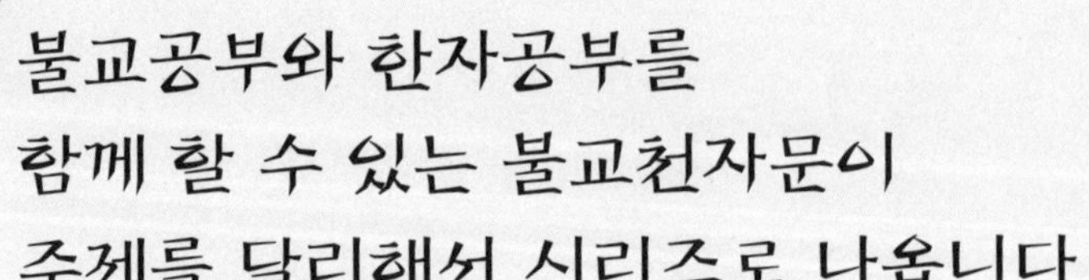

불교공부와 한자공부를
함께 할 수 있는 불교천자문이
주제를 달리해서 시리즈로 나옵니다.

1. 불교천자문 쓰기편(1995년 초판 발행)

2. 불교천자문 자전편(1995년 초판 발행)

3. 한·중·영·일 4개 국어로 번역 수록한
   불교천자문 쓰기편(2007년 초판 발행)

4. 한·중·영·일 4개 국어로 번역 수록한
   불교천자문 자전편(2007년 초판 발행)

5. 불교천자문 이야기편(근간 예정)

6. 불교천자문 서예편(근간 예정)

7. 불교천자문 동화편

8. 불교천자문 법구 및 시편

9. 불교천자문 유모어 및 표어편

10. 불교천자문 담론 편

山河 德眞 (金鉉洙)

어린이 지도자 양성과 어린이 법회를
26년간 지속하고 있으며
불교의식 우리말 화에 선봉으로써
각종 포교에 전념하고 있음.

- 불보종찰 통도사 승려
- 부산 금화사 주지 역임
- 극락선원, 묘관음사 선원 등 수선안거
- 울산 정토사〈창건〉주지(現)
- 부산지역 향토예비군 법사단장 역임
- 정토불교대학 학장(現)
- 울산지방 경찰청 경승실장(現)
- 대한불교 어린이지도자연합회 회장 역임
- 동부 경남 교사불자회 창립자 상임지도법사 역임
- 울산 불교교육원 설립 이사 겸 국장 역임
- 울산광역시 조계종 사원연합회 회장 역임
- 무료급식소 '밝은 세상' 설립자
- 사회복지사
- 시인〈문학세계〉등단
- 수필가〈한국수필〉등단

저 서
- 두 번째 화살을 맞지 말라(체험 설법집)
- 시집〈연꽃처럼 햇살처럼〉, 〈맑은 마음 고운 세상〉
- 발원문 108선집
- 어린이 법요집 편저
- 불교요지(정토불교대학 교재) 편저
- 불교우리말 의식집 편저

한(韓)·중(中)·영(英)·일(日) 4개 국어로 번역 수록
한문공부와 불교공부 및 쓰기공부를 함께하는

佛教千字文

초판 발행 불기 2531년 7월 5일
7판 발행 불기 2545년 9월 3일
번역증보판 발행 불기 2551년 8월 20일
2쇄 발행 불기 2563년 2월 27일

감　수 • 백　운
편저자 • 덕　진
쓰　기 • 박한숙
외국어감수 • 윤영해
발행인 • 김동금
발행처 • 우리출판사

서울특별시 서대문구 경기대로9길 62
☎ (02)313-5047, 313-5056
FAX. (02)393-9696
E-mail. wooribooks@hanmail.net
Homepage. www.wooribooks.com
등록: 제9-139호

ISBN 978-89-7561-250-3 03220

* 법보시 책은 할인하여 드립니다.

정가 7,000원